クローズアップ 保険税務

生命保険編

酒井克彦［編著・監修］
Sakai Katsuhiko

財経詳報社

推薦のことば
―税理士が求める「保険税務に関する処方箋」のあるべき姿―

　税理士業務と生命保険制度は切っても切れない関係にあると思う。
　顧問先の安定経営のため，将来のリスクに備えた事業資金の確保を目的に生命保険を用いることも多い。また，個人経営者の生涯にわたるトータルサポートの一環として，生命保険はなくてはならないものであろう。加えて，事業承継や，突然の相続に備え生命保険契約に加入しておくといったケースも数多い。このように，税理士業務と生命保険制度との関わりは決して小さいものとはいえず，税理士は生命保険税務も熟知しておかなければならない。
　税理士法1条にある「納税義務者の信頼にこたえ」るために，税理士が租税法に精通していなければならないのは当然であるが，その際，納税義務者の租税負担を念頭に置いた各種のアドバイスを行う必要があることもいうまでもない。
　もっとも，このように税理士業務と関わりの強い生命保険制度を取り巻くすべての論点について，租税法が明確に規定を用意しているのであれば話はそう難しくはなかろう。その場合，税理士は単に租税法規の遵守だけを意識すればよいのであるから，さしたる問題はなさそうである。しかしながら，実務上の生命保険税務を巡っては，解釈論上の疑義を招来する問題ばかりが目についてならない。実際に，訴訟にまで発展する生命保険税務事案も多いようである。
　このような現状を乗り越えるために，租税法律主義の下で私たち税理士が行うべきことは，十分な知識と適正な租税法の解釈によるほかないが，それを手助けしてくれる書籍は必ずしも多くない。
　そのような中，中央大学の酒井克彦教授が，税理士にとって大きな関わりをもつ生命保険税務の問題をご自身の研究会での検討テーマとされ，このたび，その研究成果を発表されるということである。研究会報告と聞き，理論書が完成したのかと想像していたが，その内容は，極めて実務家にとってありがたい個別具体的問題まで詳述されているものであったことに驚いている。

具体的には，生命保険の契約から保険料の支出，契約の中断，契約者変更，解約，満期保険金の受取り，保険事故に伴う保険金の受取りの各段階に応じた質疑応答を用意されており，その内容も類書にない点にまで踏み込まれている。これは，日々生命保険についての質問を受ける保険販売者側の目線がそこに盛り込まれているためとも思われ，まさに研究会における検討の賜物であろう。また，それを補強する形の理論編では，他の書籍に扱われていない論点が取り上げられており，専門家をうならせる内容である。

　保険制度そのものの基本から丁寧に解説され，実務面（質疑応答）及び理論面の双方において充実している本書は，私たち税理士がこれまで求めていた「保険税務に関する処方箋」のあるべき姿であるといえよう。

　　　　　　　　　　　　　　　　　日本税理士会連合会会長　神津　信一

はしがき

　租税専門家たる税理士にとって，実務上，保険税務の取扱いに通暁していなければ，税務相談に応じることもできなければ，納税者の期待に応える税務処理を行うこともできないといっても過言ではなかろう。その理由の1つとして，保険税務が，法人税法，所得税法，相続税法に横断的に関わりをもち，税務実務上，きわめて範囲の広い領域にまたがるものであるという点を挙げることができるが，そのことにとどまらず，納税者が関心を寄せる節税への対処という観点においても大きな影響を及ぼすことがあるからであろう。

　生命保険税務に関して，多くの解説書が存在し，各生命保険契約に係る通達の処理を具体的かつ網羅的にまとめているものが数多いのはそのような関心の表れであるともいえる。

　そのような状況にかんがみ，アコード租税総合研究所では，実務家の関心の高い保険税務を全般的に取り上げるべく保険税務検討委員会（座長：酒井克彦）を立ち上げ，エヌエヌ生命保険株式会社からの生命保険の専門家とアコード租税総合研究所の租税法研究者・実務家が集まって，2年以上にわたり保険税務に関するさまざまな論点の検討を行ってきた。そこでは，解決のつかない保険税務の問題がかくも多く存在するという現実に直面することとなった。そして，数多ある解説書が必ずしも痒い所に手が届くものではないと感じ，実務家の視点を交えてここでの検討結果を書籍に集約して世に問う必要を感じるに至った。

　そこで，生命保険税務の包含するリスクに対応するためにも，生命保険開発者ないし販売者からも関心の高い具体的な問題を事例形式で示し，これについての回答を考えるというスタイルを採用する書籍を企画することとした。また，書籍においては，あえて理論上想定し得る問題点をも指摘することとし，実務上の疑問点について精査し，法律的解釈の立場から種々の考察を試みることとした。

　本書では，第1章「生命保険制度の基本」において，税務実務の基礎となる

生命保険制度そのものの解説を設けている。生命保険税務において，その元となる生命保険領域の用語の意義等を確認しておくことは非常に大切であると考える。次いで，第2章「生命保険税務の取扱い（基本編）」では，支払保険料の税務，受取保険金の税務，その他の論点に大別し，生命保険税務の取扱いに係る基本を概括的に確認している。次章における個別論点の理解の基礎となる部分であるから，個別論点と併せて参照されたい。第3章「生命保険税務の取扱い（実務編）」では，Q&A方式により，実務上特に疑問が生じやすいと思われる個別論点についてそれぞれ検討を加えることとした。基礎事例として21題，応用事例として4題の計25題を紹介している。第4章「生命保険税務の取扱い（理論編）」は，生命保険税務を理論的視角から考察したものである。保険税務を巡っては数多くの論点があるが，ここでは，そのうちでも特に重要と思われる論点につき取り上げた。具体的には，上記のとおり通達の有するセーフハーバー的役割やその問題，費用収益対応の原則や，いわゆる短期前払費用の計上に係る理論上の問題点などについて検討を行っている。最後に，第5章では，毎回の研究会において酒井が評釈した事案の中から厳選した生命保険税務に関連する重要裁判例や裁決事例を参考資料として紹介している。

　なお，第3章においては，実務的見地からの解説を中心としているが，その内容については，アコード租税総合研究所・保険税務検討委員会での議論を基に作成している。再説するが，同委員会は，アコード租税総合研究所のメンバーのほか，エヌエヌ生命保険株式会社のご協力を得て，同社からのメンバーも参加し，2年以上にわたって実施されてきたものである。同章での内容については，同委員会での検討結果につきそれぞれの執筆者が責任をもって執筆したものに，さらに座長である酒井が直接加筆修正などを行い監修をしたものである。もっとも，同章に限らず，本書の内容は，エヌエヌ生命保険株式会社の見解を代表するものではなく，あくまでも個人的見解にとどまるものである点を付言させていただきたい。

　同委員会の名簿，これまでの開催事績および本書の執筆担当者は巻末に記載のとおりである。

　アコード租税総合研究所・保険税務検討委員会の開催に当たっては，毎回会場をお借りし，多くの委員会メンバーにもご参加いただくなど，エヌエヌ生命

保険株式会社のご協力なかりせばなし得なかった。ここに深く感謝申し上げる次第である。

　本書の作成に当たっては，財経詳報社の宮本社長に多大なるご協力をいただいた。何度もアコード租税総合研究所・保険税務検討委員会にご出席賜り，直接議論にも加わっていただいた。感謝の念に堪えない。また，本書には，日本税理士会会長の神津信一氏による推薦の言葉をお寄せいただいた。ここに深く感謝申し上げたい。なお，校正作業は，アコード租税総合研究所の佐藤総一郎事務局長と同研究所主任研究員の臼倉真純氏の尽力を賜わった。加えて，このたびも秘書の手代木しのぶさんの表紙のデザイン案を使わせていただいた。これらスタッフ各位にはこの場を借りて御礼申し上げたい。

　平成28年12月

酒井　克彦

保険税務検討委員会名簿

- 座　長：酒井　克彦　中央大学商学部教授・アコード租税総合研究所所長
- 研究員：菅原　英雄　税理士・アコード租税総合研究所研究顧問
　　　　　松岡　章夫　税理士・アコード租税総合研究所研究顧問
　　　　　芹澤　光春　税理士・アコード租税総合研究所会員
　　　　　臼倉　真純　アコード租税総合研究所主任研究員
　　　　　青木　猛　　エヌエヌ生命保険株式会社
　　　　　江面　昌幸　エヌエヌ生命保険株式会社
　　　　　木村　友彦　エヌエヌ生命保険株式会社
　　　　　杉本　忠司　エヌエヌ生命保険株式会社
　　　　　髙橋　朋　　エヌエヌ生命保険株式会社
　　　　　村井　志郎　エヌエヌ生命保険株式会社
　　　　　渡邊　秀幸　エヌエヌ生命保険株式会社

保険税務検討委員会活動実績

- 第 1 回：平成26年 4 月25日（金）14時
- 第 2 回：平成26年 5 月16日（金）17時
- 第 3 回：平成26年 6 月13日（金）14時
- 第 4 回：平成26年 7 月11日（金）16時
- 第 5 回：平成26年10月24日（金）10時
- 第 6 回：平成26年11月 7 日（金）14時
- 第 7 回：平成26年12月12日（金）14時
- 第 8 回：平成27年 1 月 9 日（金）14時
- 第 9 回：平成27年 4 月20日（月）14時
- 第10回：平成27年 5 月25日（月）17時30分
- 第11回：平成27年 6 月25日（木）17時

- 第12回：平成27年8月7日（金）14時
- 第13回：平成27年10月15日（木）14時
- 第14回：平成27年11月26日（木）11時
- 第15回：平成27年12月24日（木）10時
- 第16回：平成28年4月25日（月）10時
- 第17回：平成28年7月11日（月）14時
- 第18回：平成28年9月2日（金）14時
- 第19回：平成28年10月17日（月）9時30分
- 第20回：平成28年11月7日（月）9時
- 第21回：平成28年11月24日（木）13時30分

目　次

推薦のことば──税理士が求める「保険税務に関する処方箋」のあるべき姿──　i
はしがき　iii
保険税務検討委員会名簿　vi
保険税務検討委員会活動実績　vi
凡　例　xxiii

■ 序
（1）　租税法律主義と通達　1
（2）　保険税務と通達　2

第1章　生命保険制度の基本

1 生命保険とは……………………………………………………6
（1）　はじめに　6
（2）　生命保険契約の法的性質　6
　　ア　有償契約性　6
　　イ　双務契約性　6
　　ウ　諾成契約性　6
　　エ　不要式契約性　7
　　オ　射倖契約性　7
　　カ　善意契約性　7
　　キ　付合契約性　7
（3）　保険法　7

2 生命保険の分類 …………………………………………………………………… 8
 (1) 生命保険の基本形 8
  ア 死亡保険 8
  イ 生存保険 8
  ウ 生死混合保険 8
 (2) 保険種類による分類 8
  ア 主契約 8
  イ 特約 10
 (3) 契約形態による分類 10
  ア 個人保険 10
  イ 事業保険 10
 (4) 加入目的による分類 11
  ア 個人保険 11
  イ 事業保険 11

3 約款と基本用語 ……………………………………………………………… 13
 (1) 約款 13
 (2) 基本用語 15

4 生命保険の活用事例 ………………………………………………………… 25
 (1) 相続税対策 25
  ア 趣旨 25
  イ 契約例 25
  ウ 解説 25
 (2) 事業保障対策 26
  ア 趣旨 26
  イ 契約例 26
  ウ 解説 26
 (3) 役員退職金準備 27
  ア 趣旨 27
  イ 契約例 27

x 目　次

　　　ウ　解　説　27
　(4)　福利厚生対策　28
　　　ア　趣　旨　28
　　　イ　契約例　28
　　　ウ　解　説　28

5　既契約の把握 ……………………………………………………… 31
　(1)　契約形態　31
　(2)　保険種類　31
　(3)　契約日　31
　(4)　その他　32
　　　ア　解約返戻金　32
　　　イ　契約者・契約内容変更等　32
　　　ウ　保険会社　32

第2章　生命保険税務の取扱い（基本編）

6　支払保険料の税務 ………………………………………………… 36
　(1)　はじめに　36
　(2)　定期保険　36
　(3)　解約返戻金のない定期保険　38
　(4)　終身保険　38
　(5)　長期平準定期保険　39
　　　ア　概　要　39
　　　イ　支払保険料の損金算入時期　39
　(6)　逓増定期保険　40
　　　ア　概　要　40
　　　イ　支払保険料の損金算入時期　41
　(7)　養老保険　42
　　　ア　概　要　42

イ　支払保険料の損金算入時期　42
　　　ウ　逆ハーフタックスプラン　43
　　　エ　所得税法上の取扱い（個人事業主の場合）　44
　（8）がん保険（終身型）　45
　　　ア　概　要　45
　　　イ　終身払込みの場合における支払保険料の損金算入時期　45
　　　ウ　有期払込みの場合における支払保険料の損金算入時期　46

7 受取保険金の税務　48
　（1）はじめに　48
　（2）死亡保険金　48
　　　ア　保険金受取人：法人，資産計上なし　48
　　　イ　保険金受取人：法人，資産計上あり　48
　　　ウ　保険金受取人：役員または従業員の遺族，資産計上なし　48
　　　エ　保険金受取人：役員または従業員の遺族，資産計上あり　49
　　　オ　死亡保険金の益金算入時期　49
　（3）満期保険金　50
　　　ア　満期保険金受取人：法人，死亡保険金受取人：法人　50
　　　イ　満期保険金受取人：従業員等，死亡保険金受取人：従業員等の遺族　50
　　　ウ　満期保険金受取人：法人，死亡保険金受取人：従業員等の遺族　51
　　　エ　満期保険金の益金算入時期　51
　（4）医療保険金（入院給付金等）　51
　　　ア　給付金受取人が被保険者の場合　51
　　　イ　給付金受取人が法人の場合　51

8 その他の論点と税務　53
　（1）解約返戻金　53
　　　ア　資産計上されていない場合　53
　　　イ　資産計上されている場合　53
　（2）契約者貸付　53
　　　ア　貸付を受けた場合　53

イ　契約が消滅した場合　54
　(3)　支払調書　54
　(4)　名義変更による退職金支給　55
　(5)　生命保険料控除　56
　(6)　個人契約の生命保険に係る死亡保険金の課税関係　57
　(7)　個人契約の生命保険に係る満期保険金の課税関係　58
　(8)　死亡退職金　58
　(9)　生命保険金および死亡退職金の相続税の非課税枠　59

第3章　生命保険税務の取扱い（実務編）

9　基礎事例：保険の契約と支払保険料の税務処理 …………… 62

Q1　被保険者が同族関係者に限られている場合　62
　(1)　論　点　62
　(2)　解　説　62
　　　ア　保険金の受取人が法人の場合　62
　　　イ　保険金の受取人が被保険者の遺族の場合　63
　(3)　まとめ　63

Q2　法人が高額な保険契約を締結し保険料を支払った場合　64
　(1)　論　点　64
　(2)　解　説　64
　　　ア　保険金の受取が法人である場合　64
　　　イ　保険金の受取人が被保険者の遺族である場合　65
　(3)　まとめ　65

Q3　保険付保規程作成の必要性　66
　(1)　論　点　66
　(2)　解　説　66
　　　ア　損金算入の要件ではない　66
　　　イ　課税されない経済的利益として処理するケース　66
　(3)　まとめ　67

- Q4 決算期をまたいだ場合の割増保険料の取扱い 68
  - (1) 論 点 68
  - (2) 解 説 68
    - ア 契約成立の日 68
    - イ 当初の支払保険料の取扱い 69
    - ウ 割増保険料の取扱い 69
  - (3) まとめ 69
- Q5 逆ハーフタックスプランの保険料 70
  - (1) 論 点 70
  - (2) 解 説 70
    - ア 養老保険の取扱い 70
    - イ 逆ハーフタックスプランに関する規定 70
    - ウ 実務上の取扱い 70
  - (3) まとめ 71
- Q6 謝 絶 72
  - (1) 論 点 72
  - (2) 解 説 72
    - ア 保険会社による査定と謝絶 72
    - イ 謝絶の理由 72
    - ウ 謝絶の効果 73
  - (3) まとめ 73

10 基礎事例：保険金受取時の処理 …………………………… 74

- Q7 法人が死亡保険金を受け取り，死亡退職金を支給した場合の課税関係 74
  - (1) 論 点 74
  - (2) 解 説 74
    - ア 法人税の課税関係 74
    - イ 相続税の課税関係 75
  - (3) まとめ 75
- Q8 法人が満期保険金を受け取り，分掌変更による退職金を支給した場合の課税関係 76

(1) 論　点　76
  (2) 解　説　76
　　ア　法人税の課税関係　76
　　イ　裁判例　77
　　ウ　所得税の課税関係　77
  (3) まとめ　77

Q9　保険金から支出した見舞金　78
  (1) 論　点　78
  (2) 解　説　78
　　ア　入院給付金を受領した場合の取扱い　78
　　イ　見舞金を支給した場合の取扱い　78
  (3) まとめ　79

Q10　逆ハーフタックスプランに係る満期保険金および解約返戻金　80
  (1) 論　点　80
  (2) 解　説　80
　　ア　逆ハーフタックスプランの満期保険金に係る課税関係　80
　　イ　逆ハーフタックスプランに係る解約返戻金の取扱い　80
  (3) まとめ　81
　　ア　逆ハーフタックスプランに係る満期保険金の取扱い　81
　　イ　逆ハーフタックスプランに係る解約返戻金の取扱い　81

Q11　逆ハーフタックスプランの解約返戻金の一部を本人に支払った場合　82
  (1) 論　点　82
  (2) 解　説　82
  (3) まとめ　83

Q12　法人が定期保険に加入していて，役員の高度障害により役員の妻が高度障害保険金を受け取った場合の課税関係　84
  (1) 論　点　84
  (2) 解　説　84
　　ア　高度障害保険金とは　84
　　イ　法人税の課税関係　84
　　ウ　受け取る個人側の課税関係　84

(3) まとめ　85
Q13　法人契約の保険が満期になり，10年間の年金で受け取る場合の課税関係　86
(1) 論　点　86
(2) 解　説　86
(3) まとめ　87

11　基礎事例：保険契約を変更した場合の処理 …………………… 88
Q14　法人から法人への契約者変更　88
(1) 論　点　88
(2) 解　説　88
　ア　生命保険契約の時価　88
　イ　法人間の契約者変更の取扱い　89
　ウ　グループ法人税制が適用される場合の取扱い　89
(3) まとめ　89
Q15　法人契約の保険を個人に契約者変更を行った場合の課税関係　90
(1) 論　点　90
(2) 解　説　90
(3) まとめ　91
Q16　保険金額を減額した場合　92
(1) 論　点　92
(2) 解　説　92
　ア　解約返戻金を保険積立金の取崩しに充当することの適否について　92
　イ　解約返戻金の合理的な処理方法について　92
(3) まとめ　93
Q17　保険期間を延長した場合　94
(1) 論　点　94
(2) 解　説　94
(3) まとめ　95
Q18　保険期間を短縮した場合　96
(1) 論　点　96

(2) 解　説　96
　　(3) まとめ　97

12 基礎事例：その他 …………………………………………………… 98
Q19　失　効　98
　　(1) 論　点　98
　　(2) 解　説　98
　　　ア　失効の意義　98
　　　イ　解約返戻金の支払　99
　　　ウ　失効した場合の取扱い　99
　　(3) まとめ　99
Q20　復活保険料の処理　100
　　(1) 論　点　100
　　(2) 解　説　100
　　　ア　復活の意義　100
　　　イ　失効期間中の保険料相当額の取扱い　100
　　　ウ　復活時に前払いした保険料と短期前払費用の取扱い　101
　　(3) まとめ　101
Q21　会社が保険金を受け取った場合の株価の計算　102
　　(1) 論　点　102
　　(2) 解　説　102
　　　ア　保険金が満期（解約）になった場合　102
　　　イ　死亡保険金を受け取った場合　103
　　(3) まとめ　103

13 応用事例：支払保険料と未払金 ……………………………………104
Q22　支払保険料と未払金　104
　　(1) 論　点　104
　　　ア　A　説　105
　　　イ　B　説　105
　　　ウ　C　説　105

(2) 解　説　106
　　　ア　生命保険料の意義および支払が滞った場合の支払猶予期間・失効に関する取扱い　106
　　　イ　生命保険料の債務確定に関する法人税法上の一般的な取扱い　108
　　　ウ　設問に対する回答案の検討　109
　(3) まとめ　111
　　　¶レベルアップ！　未払保険料の計上に関する実務上の留意点　111

14 応用事例：死亡保険金・解約返戻金の益金算入の時期 ……………113
Q23　死亡保険金・解約返戻金の益金算入の時期　113
　(1) 論　点　113
　　　ア　A　説　114
　　　イ　B　説　115
　(2) 解　説　116
　　　ア　通達の検討　116
　　　イ　金額が未確定であることについて　117
　　　ウ　裁決事例　118
　(3) まとめ　119
　　　¶レベルアップ！　受取生命保険金の収益計上時期　119

15 応用事例：個人事業主契約と必要経費 ……………………………121
Q24　個人事業主契約と必要経費　121
　(1) 論　点　121
　　　ア　A　説　121
　　　イ　B　説　121
　(2) 解　説　122
　　　ア　事業所得の必要経費　122
　　　イ　個人と法人の相違　123
　　　ウ　個人は法人より厳しいチェックがなされるのか　125
　　　エ　生命保険料の必要経費該当性　125
　　　オ　満期保険金を事業主が受領した場合　126

カ　弁護士会役員の必要経費が話題になった裁判　127
　(3)　まとめ　128
　　　　¶レベルアップ！　必要経費にするための方策　129

16 応用事例：個人事業主の代替わり……………………………………130
Q25　個人事業主の代替わり　130
　(1)　論　点　130
　　　ア　A説　130
　　　イ　B説　130
　(2)　解　説　131
　　　ア　生命保険金を受領した場合の課税関係　131
　　　イ　保険積立金の贈与　131
　　　ウ　保険積立金の相続　132
　　　エ　保険積立金の承継①【A説】　133
　　　オ　保険積立金の承継②【B説】　134
　(3)　まとめ　135
　　　　¶レベルアップ！　保険積立金を有償譲渡した場合の課税関係　135

第4章　生命保険税務の取扱い（理論編）

17 保険税務と通達―通達はセーフハーバーか―………………………138
　(1)　はじめに　138
　(2)　通達の有するセーフハーバーとしての役割　138
　　　ア　通達に従った処理が否認される可能性　138
　　　イ　通達の外部拘束力―通達がセーフハーバーとなり得る余地―　140
　　　ウ　通達処理と公正処理基準　143
　(3)　事例検討　144
　　　ア　国税不服審判所平成14年6月10日裁決　144
　　　イ　検　討　147
　(4)　まとめ　149

18 保険料と短期前払—費用の計上時期と重要性の原則— ……………151
- (1) はじめに　151
- (2) 法人税法と重要性の原則　151
  - ア　法人税基本通達2-2-14　151
  - イ　2つの疑問　154
- (3) 正規の簿記の原則と重要性の原則　156
  - ア　正規の簿記の原則に包含された重要性の原則　156
  - イ　正規の簿記の原則と法人税法　157
- (4) 事例検討　158
  - ア　高松地裁平成7年4月25日判決　158
  - イ　検　討　160
- (5) まとめ　160

19 保険金収益および保険事故損失の計上時期 —費用収益対応の原則— ……………………………………………162
- (1) はじめに　162
- (2) 費用収益対応の原則の適用問題　162
  - ア　費用と収益の対応　162
  - イ　費用収益対応の原則の法的根拠　163
  - ウ　3つの見解の対立　165
- (3) 1号2号根拠説の妥当性　166
  - ア　1号2号根拠説の考え方　166
  - イ　所得税法との整合性　166
- (4) 事例検討　167
  - ア　大阪地裁平成16年4月20日判決　167
  - イ　検　討　169
- (5) まとめ　171

20 節税目的の保険契約と福利厚生 ……………………………………172
- (1) はじめに　172
- (2) 福利厚生費　172

ア　概　説　172
　イ　福利厚生目的と従業員等の認識　173
　ウ　交際費等課税との界面　175
(3) 事例検討　178
　ア　国税不服審判所平成8年7月4日裁決　178
　イ　検　討　180
(4) まとめ　182

21 ハーフタックスプランの法的根拠と公正処理基準
　　──法人税基本通達の射程範囲──……………………………184
(1) はじめに　184
(2) 養老保険の性質　184
　ア　危険負担保険料と積立保険料　184
　イ　積立保険料の損金該当性　185
　ウ　法人税基本通達9-3-4の趣旨　186
(3) 事例検討　187
　ア　2分の1基準の妥当性　187
　イ　簡便法としての処理　189
　ウ　所得税法における必要経費　190
(4) まとめ　191

第5章　重要裁判例・裁決例

22 ファイナイト事件………………………………………………194
(1) 事案の概要　194
(2) 争　点　195
(3) 判決の要旨　195
(4) 解　説　196

23 年金二重課税事件 …………………………………………………198
 (1) 事案の概要　198
 (2) 争　点　198
 (3) 判決の要旨　198
 (4) 解　説　199

24 個人所得税と法人税基本通達 ……………………………………200
 (1) 事案の概要　200
 (2) 争　点　200
 (3) 裁決の要旨　200
 (4) 解　説　201

25 会社が負担した生命保険料と一時所得の計算 ………………202
 (1) 事案の概要　202
 (2) 争　点　202
 (3) 判決の要旨　202
 (4) 解　説　203

26 一時払いの介護費用保険 …………………………………………204
 (1) 事案の概要　204
 (2) 争　点　204
 (3) 判決の要旨　205
 (4) 解　説　205

27 満期保険金の退職給与該当性 ……………………………………206
 (1) 事案の概要　206
 (2) 争　点　206
 (3) 判決の要旨　206
 (4) 解　説　207

28 満期保険金に係る借入金利息··················208
 (1) 事案の概要 208
 (2) 争　点 209
 (3) 裁決の要旨 209
 (4) 解　説 209

29 保険代理報酬の帰属··················210
 (1) 事案の概要 210
 (2) 争　点 210
 (3) 判決の要旨 211
 (4) 解　説 211

あとがき 212
事項索引 213
判例・裁決索引 217
著者紹介 218

凡　　例

　本書では，本文中は原則として正式名称を用い，主に（　）内において下記の略語を使用している。
　また，読者の便宜を考慮し，判決・条文や文献の引用において，漢数字等を算用数字に変え，「つ」等の促音は「っ」と小書きしている。なお，下線部分は特に断りのない限り筆者が付したものである。

〔法令・通達〕

民　　　……民法　　　　　　　　　　法　　法……法人税法
商　　　……商法　　　　　　　　　　法　　令……法人税法施行令
会　　社……会社法　　　　　　　　　法基通……法人税基本通達
保　　険……保険法　　　　　　　　　相　　法……相続税法
通　　法……国税通則法　　　　　　　相基通……相続税法基本通達
所　　法……所得税法　　　　　　　　評基通……財産評価基本通達
所　　令……所得税法施行令　　　　　措　　法……租税特別措置法
所基通……所得税基本通達　　　　　　措　　令……租税特別措置法施行令

〔判例集等〕

民　　集……最高裁判所民事判例集　　税　　資……税務訴訟資料
集　　民……最高裁判所裁判集民事　　判　　時……判例時報
行裁例集……行政事件裁判例集　　　　判　　タ……判例タイムズ
訟　　月……訟務月報

〔文　献〕

エヌエヌ生命・約款……エヌエヌ生命保険株式会社『ご契約のしおり・約款〔2016年5月改訂〕』（エヌエヌ生命2016）
エヌエヌ生命＝新日本保険新聞社・ハンドブック……エヌエヌ生命執筆＝新日本保険新聞社監修『保険税務ハンドブック（法人契約編）』（エヌエヌ生命2015）
大高・法律相談……大高満範『生命保険の法律相談』（青林書院2011）
小原・法基通逐条解説……小原一博『法人税基本通達逐条解説〔8訂版〕』（税務研

究会2016）
金子・租税法……金子宏『租税法〔第21版〕』（弘文堂2016）
金子・法律学小辞典……金子宏ほか『法律学小辞典〔第4版補訂版〕』（有斐閣2008）
清永・税法……清永敬次『税法〔新装版〕』（ミネルヴァ書房2013）
榊原・保険税務……榊原正則『保険税務のすべて〔平成27年度版〕』（新日本保険新聞社2015）
野原・相基通逐条解説……野原誠『相続税法基本通達逐条解説〔平成27年版〕』（大蔵財務協会2015）
森谷ほか・所基通逐条解説……森谷義光＝一色広己＝北村猛＝田中健二『所得税基本通達逐条解説〔平成26年版〕』（大蔵財務協会2014）
山下ほか・保険法……山下友信＝竹濱修＝洲崎博史＝山本哲生『保険法〔第3版補訂版〕』（有斐閣2015）
酒井・裁判例〔所得税法〕……酒井克彦『裁判例からみる所得税法』（大蔵財務協会2016）
酒井・税務通達……酒井克彦『アクセス税務通達の読み方』（第一法規2016）
酒井・ブラッシュアップ……酒井克彦『ブラッシュアップ租税法』（財経詳報社2011）
酒井・プログレッシブⅠ……酒井克彦『プログレッシブ税務会計論Ⅰ』（中央経済社2016）
酒井・プログレッシブⅡ……酒井克彦『プログレッシブ税務会計論Ⅱ』（中央経済社2016）
酒井・論点研究……酒井克彦『所得税法の論点研究』（財経詳報社2011）

序

(1) 租税法律主義と通達

　日本国憲法30条は「国民は、法律の定めるところにより、納税の義務を負ふ。」とし、同84条は「あらたに租税を課し、又は現行の租税を変更するには、法律又は法律の定める条件によることを必要とする。」と定める。国民の租税負担の根拠を「法律の定め」に求めるこの考え方は、租税法律主義と呼ばれ、租税法における最高規範に位置付けられる原則である。租税とは、国民の財産権を侵害するものであるから、国民の代表からなる議会において、国民の自己同意を経て制定された法律を根拠にしてのみ租税の賦課徴収が許されるのである。

　これに対し、租税行政庁が発遣する通達として「法令解釈通達」や「事務運営指針」があるが、これらは法律ではなく、あくまでも、法令解釈とその運用の内部的統一を図るための、行政庁内部における上意下達の命令手段にすぎない。通達は国民の同意を経て制定されるものではないから、外部拘束力を有しない。すなわち、国民や裁判所が通達により何らかの制限を受けることはない。このように、通達には法源性がないと一般的に理解しておくべきと解されるところ、慣習法（行政先例法）としての性質を有するに至ったと認められる場合においては、通達に法源性を認める場面も理論上はあり得よう（この点、金子宏教授は、「納税義務を免除・軽減し、あるいは手続要件を緩和する取扱が、租税行政庁によって一般的にしかも反覆・継続的に行われ（行政先例）、それが法であるとの確信（法的確信）が納税者の間に一般的に定着した場合には、慣習法としての行政先例法の成立を認めるべきであり、租税行政庁もそれによって拘束されると解すべきである（その取扱を変えるためには法の改正が必要である）。」とされるように（金子・租税法108頁）、学説上の有力説は、通達について行政先例法の成立の余地を認めている（通達と行政先例法の関係については、酒井・税務通達61頁も参照））。

　もっとも、このように、通達について行政先例法の成立の余地があるとしても、上記金子教授の言を借りれば、「一般的にしかも反覆・継続的に行われ（行政先例）、それが法であるとの確信（法的確信）が納税者の間に一般的に定着した

場合」においてのみ，その成立の可能性が認められるにすぎず，租税法律主義の理念に立ち返れば，かかるハードルは相当程度に高いものと解すべきであろう。したがって，原則として「通達は法ではない」ということを租税専門家は常に意識しておく必要があるということを，本書のはじめに指摘しておくこととしたい。

(2) 保険税務と通達

「通達は法ではない」と述べたものの，実務においては，租税行政庁が発遣する通達に示された法令解釈が直接の処理の指針とされることも多いように思われる。時には，解釈上疑義のある処理，例えば，法律に明文の定めがなくいくつかの処理が考え得る場合などにおいて，通達がいわば「セーフハーバー(安全地帯)」のごとく理解されることも少なくない。平たくいえば，「通達に従った処理をしていれば，ひとまず否認されることはないであろう」といった理解の下，そこに特段の問題意識を抱くことなく通達において定められた処理に従っている税理士は少なくないように思われる(酒井・税務通達34頁)。もっとも，その従っている通達が，法令解釈として妥当であるのであれば問題はないが，租税専門家は，この辺りの点について注意を払う必要がある。

特に，このような問題関心は，生命保険税務の領域においてより強く意識されるべきであると考えている。筆者は，自身が所長を務めるアコード租税総合研究所において「保険税務検討委員会」を立ち上げ，これまで，生命保険業界および税理士等租税専門家の双方の実務家と共同して継続的な研究を進めてきたところであるが，同委員会における議論を通じて，この点をますます強く認識するに至っている。

法令の根拠が必ずしも明らかでないにもかかわらず，通達上の処理方法を前提とした生命保険商品が販売される中，通達そのものの妥当性や，通達が納税者等に対する外部拘束力を有するものではない(酒井・税務通達84頁)というような法的性質についての深い考察を経ずして，通達に示されている内容があたかも法令上の取扱いであるかのごとく認識することのリスクを，生命保険税務においてはより強く理解しておく必要があるのではなかろうか。

確かに，例えば所得税法における「心身に加えられた損害…に基因して取得する」保険金についての非課税規定や(所法9①十七)，生命保険料控除(所法76)，

相続税法における死亡保険金のみなし相続財産規定（相法3①一）など，生命保険領域の取扱いについて定めた法令が全くないわけではない。しかしながら，実際に販売されている数多の生命保険商品の税務上の取扱いについては，ほとんど明文の規定がないといっても過言ではないのではなかろうか。養老保険やがん保険などを見てみても，通達に依拠して実務上の処理や計算がなされているのが現状であるが，養老保険については，かかる通達のカバーしていない範囲に着目した逆ハーフタックスプランの登場が一時期注目を集めていたこともある（同プランについては，6(7)ウ—43頁，9 Q5—70頁参照）。また，がん保険については，平成24年4月27日に通達が変更され，同日を境に大きくがん保険契約の見直しがなされるなどしている（がん保険の取扱いについては，6(8)—45頁参照）。このように，実務上，通達が生命保険領域に与える影響は大きく，生命保険税務を理解する上で通達を無視することも到底できないし，また，かかる通達依存のリスクについても看過することはできないであろう。

　本書は，そうした生命保険領域における制度上の問題を踏まえた上で，実務上生じ得る問題を検討するものである。

　生命保険税務に関しては，多くの解説書が存在し，各種生命保険契約に係る通達の処理を具体的かつ網羅的にまとめているものも数多い。しかしながら，本書では，生命保険税務の包含するリスクに対応するためにも，あえて理論上想定し得る問題点を指摘した上で，実務上の疑問点について精査し，法律的解釈の見地から種々の考察を試みている。

第1章
生命保険制度の基本

1 生命保険とは

(1) はじめに

　生命保険とは，「保険契約のうち，保険者が人の生存又は死亡に関し一定の保険給付を行うことを約するもの（傷害疾病定額保険契約に該当するものを除く。）をいう」とされている（保険2八）。日本では，福沢諭吉が慶応3年（1867年）に欧米の近代的な保険制度を紹介したことが発端となり，明治時代に最初の生命保険会社が誕生した。

　現在，生命保険の世帯加入率は90％前後で推移している（公益財団法人生命保険文化センター『平成27年度生命保険に関する全国実態調査（速報版）』11頁（公益財団法人生命保険文化センター2015））。一般世帯の大部分が何かしらの生命保険に加入しているということができる。

　中小企業のリスク・コントロールの手段としても生命保険は広く活用されている。経営者が突然死亡した場合への備え，事業承継対策等を目的として，数多くの中小企業が事業保険に加入している。税理士等には，保険料の支払，保険金の受取等の課税関係（保険税務）について正確な理解が求められる（生命保険税務については，🔍第2章（基本編），第3章（実務編），第4章（理論編）をそれぞれ参照）。

(2) 生命保険契約の法的性質

　生命保険の法的性質としては次のようなものがある（一般社団法人生命保険協会『生命保険総論』10頁（生命保険協会2016））。

ア　有償契約性

　保険者の危険負担と保険契約者の保険料支払とを対価的な給付と反対給付とする有償契約である。

イ　双務契約性

　保険金支払債務と保険料支払債務が対価関係になる双務契約である。

ウ　諾成契約性

　契約当事者双方の合意のみによって成立する諾成契約である。

エ　不要式契約性
保険法上，一定の様式を要するとはしておらず不要式契約である。
オ　射倖契約性
保険金支払義務の発生や保険料支払義務の履行が，保険事故の発生時期の偶然性に左右されることから射幸契約である。
カ　善意契約性
被保険者が自殺した時や，保険契約者または保険金受取人が故意に被保険者を死亡させた場合などにおける保険者の免責，告知義務制度などは生命保険契約の善意契約性から認められている。
キ　付合契約性
大量の定型的取引を行い，またその技術性，専門性ゆえに生命保険会社があらかじめ定めた保険約款をもとに契約を締結する付合契約である。

(3) 保険法

保険法とは，保険契約に関する一般的なルールを定めた法律であり，保険契約の締結から終了までの間における保険契約における関係者の権利義務等が定められている。主な内容としては次のようなものがある。

① 保険契約の定義に関する規定
② 被保険者（または契約者）の告知義務に関する規定
③ 保険契約の解除の取扱いに関する規定
④ 保険金等の支払に関する保険会社の義務に関する規定

保険契約に関するルールは，従来は商法の保険契約に関する規定の中に定められていたが，100年近くにわたり実質的な改正が行われていなかった。これらの規定を全面的に見直し，新たに独立した法律にしたものが保険法であり，平成20年6月6日に公布，平成22年4月1日から施行されている。

2　生命保険の分類

(1) 生命保険の基本形
ア　死亡保険
死亡保険とは，被保険者が死亡した場合に保険金が支払われる保険をいう。例えば，定期保険，終身保険がこれに当たる。
イ　生存保険
生存保険とは，契約から一定期間経過後に被保険者が生存していた場合に保険金が支払われる保険をいう。例えば，個人年金保険がこれに当たる。
ウ　生死混合保険
生死混合保険とは，死亡保険と生存保険を組み合わせた保険をいう。例えば，養老保険がこれに当たる。

(2) 保険種類による分類
基本となる契約を主契約といい，主契約に付加して締結される特別の保障条項を特約という。保険会社によって様々な主契約・特約が存在するが，主だった保険種類については，以下のとおりである。
ア　主契約
(ｱ)　定期保険
定期保険とは，保険期間は一定で，被保険者が保険期間中に死亡した場合に死亡保険金が支払われるものをいう。
(ｲ)　終身保険
終身保険とは，保険期間は一生涯で，被保険者が保険期間中に死亡した場合に死亡保険金が支払われるものをいう。
(ｳ)　養老保険
養老保険とは，保険期間は一定で，被保険者が保険期間中に死亡した場合に死亡保険金が，満期時に生存していた場合に満期保険金が支払われるものをいう。

(エ) 逓増定期保険

逓増定期保険とは，保険期間の経過により保険金額が増加する定期保険のことをいう。主契約ではなく特約として取り扱う保険会社もある。

(オ) 収入保障保険

収入保障保険とは，保険期間は一定で，被保険者が保険期間中に死亡した場合に年金が支払われるものをいう。

(カ) 医療保険

医療保険とは，被保険者が病気やケガで入院したり，所定の手術を受けたりしたときに給付金が支払われるものをいう。

(キ) がん保険

がん保険とは，被保険者ががんで入院したり，所定の手術を受けたりしたときに給付金が支払われるものをいう。

(ク) 長期傷害保険

長期傷害保険とは，被保険者が不慮の事故による傷害，所定の感染症等により死亡した場合に災害死亡保険金が支払われるものをいう。

(ケ) 低解約返戻金型定期保険

低解約返戻金型定期保険とは，定期保険と同様，保険期間は一定で，被保険者が保険期間中に死亡した場合に死亡保険金が支払われるものをいう。解約返戻金が低い期間を設定するため，保険料が割安である。

(コ) 無解約返戻金型定期保険

無解約返戻金型定期保険とは，定期保険と同様，保険期間は一定で，被保険者が保険期間中に死亡した場合に死亡保険金が支払われるものをいう。解約返戻金がないため，保険料が割安である。

(サ) 特定疾病保障保険

特定疾病保障保険とは，被保険者ががん，急性心筋梗塞，脳卒中等の特定疾病になったとき，生前に死亡保険金と同額の特定疾病保険金が支払われるものをいう。

(シ) 変額保険

変額保険とは，資産の運用実績によって保険金や解約返戻金が増減する保険であり，終身型，有期型，個人年金保険がある。

イ　特　約

(ア)　リビング・ニーズ特約
リビング・ニーズ特約とは，被保険者が余命6か月以内と判断された場合に，死亡保険金の一部または全部が生前に支払われるものである。

(イ)　指定代理請求特約
指定代理請求特約とは，被保険者を受取人とする保険金などについて，受取人に代わって代理人が請求することができるものである。

(ウ)　年金支払移行特約
年金支払移行特約とは，将来の保障に代えて年金が支払われるものである。

(エ)　年金支払特約
年金支払特約とは，保険金の全部または一部が年金で支払われるものである。

(オ)　災害割増特約
災害割増特約とは，被保険者が不慮の事故等で死亡したとき，主契約の死亡保険金に上乗せして災害死亡保険金が支払われるものである。

(3)　契約形態による分類

ア　個人保険
個人保険とは，契約者を個人とする生命保険のことをいう。典型例としては，契約者・被保険者を世帯主，死亡保険金の受取人をその配偶者とするような契約である。世帯主が死亡した場合の遺族の生活保障，相続税の納税資金準備等がその加入目的とされ，一般的な生命保険はこのようなタイプを指す。

イ　事業保険
事業保険とは，契約者を法人とする生命保険のことをいう。典型例としては，契約者・死亡保険金受取人を法人，被保険者を法人代表者とするような契約である。経営者保険，法人保険とも呼ばれる。代表者が死亡した場合，法人に対して生命保険金が支払われることになるため，中小企業の経営の安定に資することになる。

契約者変更等によって，保険期間の中途から個人保険が事業保険になるケース，その反対に，事業保険が個人保険になるケースもある。保険契約の課税関係を検討する場合，このような変更履歴にも留意する必要がある。

(4) 加入目的による分類
ア 個人保険

個人保険の一般的な加入目的は，下図のとおりに分類することができると思われる。

遺族の生活保障，相続・相続税対策には定期保険や終身保険等，疾病の備えには医療保険等，学資等の資金準備には学資保険や養老保険等が活用される。

しかし，現実には上図のように加入目的を明確に分類することができるわけではない。加入目的が複数という場合もあるし，結婚・子育て・子の自立等を経て，加入した後に目的が変わっていくという場合もある。無駄な保険料支出を避けるためには，加入目的と保障内容の整合性を適宜確認する必要がある。

イ 事業保険

事業保険の一般的な加入目的は，下図のとおりに分類することができると思われる。

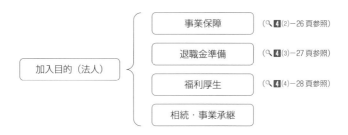

「貯蓄は三角，保険は四角」といわれるように，生命保険は加入当初から法人が保険会社に支払う保険料以上の高額な死亡保障を準備できるため，経営者の突然の死亡に備える上では合理的な手段である。ただし，生命保険の加入は法人の支出を増加させることになるため，保険料とのバランスを十分考慮しな

がら，適切な保障額を設定することが重要となる。無駄な保険料支出を避けるためには，個人保険と同様，加入後においても加入目的と保障内容の整合性を適宜確認する必要がある。

【参考】

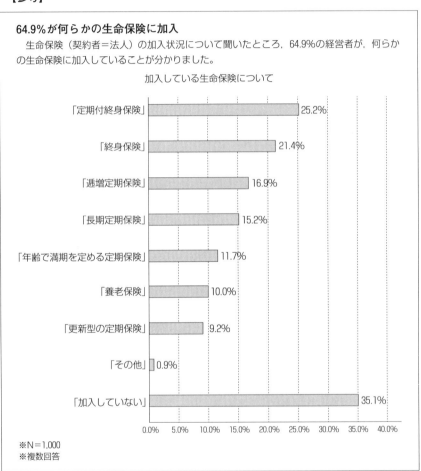

(出所) エヌエヌ生命保険株式会社『中小企業の経営者が考える経営状況予測・意識調査』
調査期間　2016年10月14日から10月20日
調査方法　インターネット調査
調査対象　全国の中小企業経営者1,000名（男女30代から70代）

3 約款と基本用語

(1) 約 款

　生命保険の約款には，契約から契約消滅までの契約内容，保険会社と契約者の権利義務等が記載されている。主契約について定めた「普通保険約款」と，特約について定めた「特約条項」がある。約款の中で特に契約者にとって重要な部分を抜き出し平易に解説したものが「ご契約のしおり」で，通常，約款と合本されていることが多い。

　なお，「普通保険約款」の内容は，保険会社，保険種類，契約時期等によって異なるため注意が必要である。ここで紹介するのは，その代表的な例である。

【普通保険約款の例（目次部分）】

```
定期保険 普通保険約款 目次
  この保険の趣旨
 1．責任開始期
   第1条 会社の責任開始期
   第2条 保険証券
 2．保険金の支払い
   第3条 保険金の支払い
 3．保険金の請求，支払時期および支払場所
   第4条 保険金の支払請求手続き
   第5条 保険金の支払時期および支払場所
   第6条 保険金の支払方法
 4．保険料の払込免除
   第7条 保険料の払込免除
   第8条 保険料払込免除の請求手続き
 5．保険料の払込み
   第9条 保険料の払込みおよび猶予期間
   第10条 保険料の払込方法＜経路＞
   第11条 払込期月中または猶予期間中に支払事由等が生じた場合の取扱い
   第12条 保険料の前納および一括払い
 6．保険契約の失効
   第13条 保険契約の失効
 7．保険契約の復活
   第14条 保険契約の復活
```

8．詐欺による取消しおよび不法取得目的による無効
　　第15条　詐欺による取消しおよび不法取得目的による無効
9．告知義務および告知義務違反による解除
　　第16条　告知義務
　　第17条　告知義務違反による解除
10．重大事由による解除
　　第18条　重大事由による解除
11．保険契約者に対する貸付
　　第19条　保険契約者に対する貸付
12．保険契約の更新
　　第20条　保険契約の自動更新
　　第21条　保険契約の申し出による更新
13．保険契約内容の変更
　　第22条　他の保険契約への加入
　　第23条　保険料払込方法の変更
　　第24条　保険期間または保険料払込期間の変更
　　第25条　払済定期保険への変更
　　第26条　保険金額の増額
　　第27条　保険金額の減額
　　第28条　原保険契約への復旧
14．保険契約の解約および返戻金
　　第29条　保険契約の解約
　　第30条　返戻金
　　第31条　保険金受取人による保険契約の存続
15．保険契約者および保険金の受取人
　　第32条　会社への通知による保険金受取人の変更
　　第33条　遺言による保険金受取人の変更
　　第34条　保険金受取人の死亡
　　第35条　保険契約者の変更
　　第36条　保険契約者および保険金受取人の代表者
16．年齢の計算および年齢または性別の誤りの処理
　　第37条　年齢の計算
　　第38条　年齢の誤りの処理
　　第39条　性別の誤りの処理
17．被保険者の業務の変更，転居および旅行
　　第40条　被保険者の業務の変更，転居および旅行
18．保険契約者の住所の変更
　　第41条　保険契約者の住所の変更
19．契約者配当
　　第42条　契約者配当
20．時効
　　第43条　時効

21. 契約内容の登録
　　第44条 契約内容の登録
22. 管轄裁判所
　　第45条 管轄裁判所
23. 特則
　　第46条 保険金の支払請求書類に関する特則
　　第47条 養老保険または終身保険への加入に関する特則

(2) 基本用語

ここでは，生命保険の基本用語について約款における記載例とともに説明する。

■保険者

保険者とは，保険契約の当事者のうち，保険給付を行う義務を負う者をいう（保険2二）。保険会社のことである。

■保険契約者

保険契約者とは，保険契約の当事者のうち，保険料を支払う義務を負う者をいう（保険2三）。

■被保険者

被保険者とは，生命保険契約の場合，その者の生存または死亡に関し保険者が保険給付を行うこととなる者をいう（保険2四）。

■保険料

保険料とは，保険契約者が保険会社に払い込む金員のことをいう。

■保険期間

保険期間とは，保険契約について保険会社の保障が続く期間のことをいう。保険期間内に保険事故が発生した場合のみ，保険会社から保険金が支払われる。保険期間と保険料払込期間とは必ずしも一致しない点に注意が必要である。

■責任開始日

責任開始日とは，保険会社が契約上の責任を開始する時期のことをいう。保険契約者から申込書が提出された時ではなく，申込み，告知（診査），第1回保険料充当金の払込みの3つがすべて完了した時をいう。ただし，保険会社や保険種類によって，責任開始期の成立要件が異なる場合もある。

【普通保険約款の例】

> **第1条《会社の責任開始期》**
> 1．会社が保険契約の申込みを承諾したときは，保険契約者が第1回保険料を払い込んだ時から，会社は，保険契約上の責任を負います。
> 2．会社は，保険契約の申込みを承諾する前にあらかじめ第1回保険料に相当する金額を受け取ることがあります。この場合，会社が申込みを承諾したときは，会社は，次の時にさかのぼって保険契約上の責任を負います。
>   (1) 被保険者に関する告知を受けた後に第1回保険料に相当する金額を受け取ったときは，その金額を受け取った時
>   (2) 第1回保険料に相当する金額を受け取った後に被保険者に関する告知を受けたときは，その告知を受けた時
> 3．第1項および第2項の規定による保険契約上の責任開始の日を契約日とし，保険期間の計算にあたっては，その日を算入します。

■申込日

申込日とは，生命保険の申込みを行った日であり，生命保険の責任開始期の要件の1つになる。

■告知・診査

告知・診査とは，保険会社が，契約の際に被保険者の健康状態などが一定の範囲内かどうかを査定するため，被保険者による告知や医師による診査を求めることをいう。保険会社による保障の範囲や保険契約の責任開始期を定めるための要件であり，実務上は大変重要なものである。

■第1回保険料充当金

第1回保険料充当金とは，保険契約の申込みの際に支払う保険料のことである。保険契約が成立した場合には第1回保険料に充当される。第1回保険料充当金の払込みは生命保険の責任開始期の要件の1つになる。

■契約日

契約日とは，通常は責任開始の日をいい，保険期間等の計算の基準日となる。保険料が月払の場合，契約日は責任開始日の翌月1日になる（始期指定の場合等の例外はある。）。

■始期指定

始期指定とは，保険会社の認める範囲で，保険契約について通常と異なる契約日が指定されることをいう。保険料の支払方法が月払で，被保険者の誕生日

と契約の始期が近接している場合等に始期指定が行われることがある。

■保険証券

保険証券とは，保険金額や保険期間といった契約の内容を具体的に記載したものをいう。保険契約の成立後に保険会社から交付される。近年では書面での発行が省略される場合もある。

【普通保険約款の例】

> 第2条《保険証券》
> 1．会社は，保険契約の申込みを承諾したときは，保険契約者に対し，次の各号に定める事項を記載した保険証券を発行します。
>   (1) 会社名
>   (2) 保険契約者の氏名または名称
>   (3) 被保険者の氏名
>   (4) 保険金の受取人の氏名または名称
>   (5) 保険契約の種類
>   (6) 特約が付加されたときは，その特約の種類
>   (7) 保険期間
>   (8) 保険金の額
>   (9) 保険料およびその払込方法
>   (10) 契約日
>   (11) 保険証券を作成した年月日
> 2．この保険契約が復活もしくは復旧したときまたは自動更新されたときは，新たな保険証券を発行しません。

■成立（承諾）

成立とは，保険契約者からの保険加入の申込みに対して，これを保険会社が認めることをいう。

■保険金

保険金とは，被保険者が保険会社の約款に定める支払事由（死亡，高度障害など）に該当したときに，保険会社が保険金受取人に支払う金員のことをいう。

■保険金受取人（給付金受取人）

保険金受取人とは，保険給付を受ける者として生命保険契約で定めるものをいう（保険2五）。

【普通保険約款の例】

> **第3条《保険金の支払い》**
> 1．保険金の支払事由が生じたときは，会社は，その支払事由に対応して保険金をその受取人に支払います。ただし，免責事由に該当するときは，支払いません。
> 2．前項の保険金ならびにそれに対応する支払事由，金額，受取人および免責事由は，次のとおりです。（以下，省略）

■払込方法

払込方法には，月払，半年払，年払といった「回数」，口座振替，銀行振込み，団体扱いといった「経路」がある。通常，契約時に設定するが，保険契約者の希望によって契約後に変更される場合がある。

■契約応当日

契約応当日とは，契約後，保険期間中に迎える毎年の契約日に対応する日のことをいう。

■払込期月

払込期月とは，毎回の保険料を保険会社に支払う期間のことをいう。年払契約の場合は契約日の応当日，半年払契約の場合は半年単位の応当日，月払契約の場合は月単位の応当日の属する月の初日から末日までのことをいう。

■猶予期間

猶予期間とは，払込期月の経過後，保険料の払込みを猶予する期間のことをいう。月払，年払といった払込回数によって期間が異なる。

【普通保険約款の例】

> **第9条《保険料の払込みおよび猶予期間》**
> 1．保険料の払込方法（回数）は，一時払，年払，半年払または月払のうちのいずれかとします。
> 2．第2回以後の保険料は，保険料払込期間中，毎回第10条第1項に定める払込方法（経路）に従い，払込期月中に払い込んでください。
> 3．前項の払込期月は，次の各号の契約日の応当日（応当日のないときは，その月の末日とします。）の属する月の，初日から末日までの期間とします。
>   (1) 年払契約にあっては，契約日の年単位の応当日
>   (2) 半年払契約にあっては，契約日の半年単位の応当日
>   (3) 月払契約にあっては，契約日の月単位の応当日
> 4．前2項で払い込むべき保険料は，保険料の払込方法（回数）に応じ，それぞれの応当日からその翌応当日の前日までの期間（以下「保険料期間」といいます。）に対

応する保険料とします。
　5．第2回以後の保険料の払込みについては，次の猶予期間があります。
　(1) 年払契約および半年払契約にあっては，払込期月の翌月の初日以後翌々月の契約日の月単位の応当日（応当日のないときは，その月の末日）まで。ただし，払込期月の契約日の応当日が2月，6月，11月の各末日の場合には，それぞれ4月，8月，1月の各末日までとします。
　(2) 月払契約にあっては，払込期月の翌月の初日以後末日まで。（以下，省略）

■保険年度

保険期間の始期（契約日）からその日を含めて満1か年を第1保険年度といい，以下順次，第2保険年度，第3保険年度という。

■失　効

失効とは，保険料の払込猶予期間中に保険料の支払がなく，契約の効力が失われることをいう。

【普通保険約款の例】

第13条《保険契約の失効》
1．年払契約，半年払契約および月払契約にあっては，保険料が払い込まれなかったときは，保険契約は，第9条第5項に規定する猶予期間の満了をもって効力を失います。
2．前項の規定によって保険契約が効力を失った場合に解約返戻金があるときは，保険契約者は，解約返戻金の支払いを請求することができます。

■復　活

復活とは，失効した保険契約について，失効してから所定の期間内に保険会社の承諾を得て，それまでの滞っている保険料をまとめて払い込むことにより，保険契約を元の状態に戻すことをいう。復活の際には保険会社から被保険者の告知が求められ，被保険者の健康状態によっては復活できない場合もある。また，自殺免責期間については復活時から改めて計算するという約定が置かれるのが通例であり，契約失効前の状態を回復するという原則が一貫されているわけではない。

【普通保険約款の例】

第14条《保険契約の復活》
1．保険契約者は，保険契約が効力を失ったときは，効力を失った日からその日を含めて3年以内であれば，別表3に定める必要書類を会社に提出して保険契約の復活

の申込みをすることができます。ただし、保険契約が効力を失った後、保険契約者が解約返戻金の支払いを請求したときは、保険契約の復活の申込みをすることはできません。
2．会社が保険契約の復活の申込みを承諾したときは、保険契約者は延滞保険料を会社の指定した期日までに払い込んでください。ただし、第19条の規定により効力を失った保険契約を復活させる場合には、会社の定める方法により計算した金額も払い込んでください。
3．保険契約は、前項に定める金額の払込みがあった時から効力を復活するものとし、その払込みがあった日を復活の日とします。

（注）別表3は省略。

■告知義務（告知義務違反）

告知義務とは、契約者と被保険者が保険契約の申込みをするとき等に、健康状態や職業等について保険会社に報告する義務のことをいう。重要事項について報告しなかったり、故意に事実を歪曲して報告したりした場合には告知義務違反とし、保険会社が保険契約を解除できる場合がある。

【普通保険約款の例】

> **第16条《告知義務》**
> 会社が、保険契約の締結、復活、復旧または保険金額の増額の際に、支払事由または保険料払込みの免除事由の発生の可能性に関する重要な事項のうち所定の書面で告知を求めた事項について、保険契約者または被保険者は、その書面で告知してください。ただし、会社指定の医師が口頭で質問した事項については、その医師に口頭により告知してください。
>
> **第17条《告知義務違反による解除》**
> 1．保険契約の締結、復活、復旧または保険金額の増額にあたって告知を行う際に、保険契約者または被保険者が、故意または重大な過失によって、前条の規定により会社が告知を求めた事項について、事実を告げなかったか、または事実でないことを告げたときは、会社は、将来に向かって保険契約（保険契約の復旧が行われたときは復旧分を、保険金額の増額が行われたときは増額分をいいます。以下、次項から第5項までにおいて同じ。）を解除することができます。（以下、省略）

（注）別表3は省略。

■契約者貸付

保険契約者は解約返戻金の一定範囲内で、貸付を受けることができる場合があり、これを契約者貸付という。貸付期間中も保障は継続する。

【普通保険約款の例】

> **第19条《保険契約者に対する貸付》**
> 1. 保険契約者は，会社の承諾を得て，解約返戻金額（本条の規定による貸付金があるときは，その元利金を差し引いた残額）の範囲内かつ会社の取扱範囲内で，貸付を受けることができます。ただし，貸付金が会社所定の金額に満たない場合には，本条の貸付は取り扱いません。（以下，省略）

■更　新

更新とは，保険期間の終了後も，同じ保障内容・保障額・保障期間で契約が継続されることをいう。更新時の年齢，保険料率で保険料は再計算される。自動更新，申出更新がある。

【普通保険約款の例】

> **第20条《保険契約の自動更新》**
> 1. 保険契約が次の各号の条件を満たす場合には，保険契約者が保険期間満了の日の2週間前までに保険契約を更新しない旨を通知しない限り，保険契約は，保険期間満了の日の翌日（以下「更新日」といいます。）に更新されるものとします。ただし，保険期間満了の日までの保険料が払い込まれている場合に限ります。（以下，省略）
>
> **第21条《保険契約の申し出による更新》**
> 1. 保険契約が次の各号の条件を満たす場合には，保険契約者は，会社の取扱範囲内で，保険期間もしくは保険料払込期間または保険金額を変更して（保険金額を増額する場合は，被保険者の同意を得ることを要します。），保険契約を更新することができます。この場合，保険契約は保険期間満了の日の翌日（以下「更新日」といいます。）に更新されるものとします。ただし，保険期間満了の日までの保険料が払い込まれている場合に限ります。（以下，省略）

■保険種類の変更

保険種類の変更とは，契約後，保険契約者の希望により他の保険種類へ変更する制度をいう。「コンバージョン」と呼ばれることもある。例えば，定期保険から養老保険に，定期保険から終身保険等に変更する場合などがある。

【普通保険約款の例】

> **第22条《他の保険契約への加入》**
> 1. 保険契約者は，保険期間満了の日の1か月前までに申し込んだ場合は，会社の取扱範囲内で，この保険契約の被保険者を被保険者とする会社の定める他の保険契約に加入することができます。ただし，次の各号のいずれかに該当する場合は，この取扱いをしません。

> (1) 契約日（復活が行われたときは最終の復活の日または増額が行われたときは最終の増額の日）からその日を含めて会社の定める期間を経過していないとき
> (2) 特別条件特約または新特別条件特約が付加されているとき
> (3) 保険料払込免除中であるとき
> (4) 被保険者の年齢が会社の定める範囲をこえるとき（以下，省略）

■払　済

払済とは，保険料の払込みを中止して，その時点での解約返戻金をもとに，保険期間は変わらず保険金額の少ない保険に変更することをいう。

【普通保険約款の例】

> **第25条《払済定期保険への変更》**
> 1．年払契約，半年払契約および月払契約にあっては，保険契約者は，将来の保険料の払込みを中止して，保険契約を払済定期保険に変更することができます。ただし，払済定期保険に変更後の保険金額または保険期間が会社の定める条件を満たさないときは，この取扱いをしません。（以下，省略）

■減　額

減額とは，保険期間の途中から保険金額を減らすことをいう。減額部分は解約されたものとして取り扱い，減額部分の解約返戻金が契約者に払い戻される場合がある。

【普通保険約款の具体例】

> **第27条《保険金額の減額》**
> 1．保険契約者は，将来に向かって保険金額を減額することができます。ただし，減額後の保険金額が会社の定める金額に満たないときはこの取扱いをしません。（以下，省略）

■復　旧

払済保険への変更後，一定期間内であれば変更前の契約に戻せる場合があり，これを復旧という。

【普通保険約款の例】

> **第28条《原保険契約への復旧》**
> 1．保険契約者は払済定期保険に変更した日からその日を含めて3年以内であれば，別表3に定める必要書類を会社に提出して原保険契約への復旧を申込むことができます。

> 2．会社が原保険契約への復旧を承諾したときは，保険契約者は，会社の定める方法により計算した金額を会社の指定した期日までに払い込んでください。
> 3．会社は，保険契約の復旧分について，会社の定める方法により計算した金額の払込みがあった時から保険契約上の責任を負います。この場合，その払込みがあった日を復旧の日とします。
> 4．保険契約が復旧されたときは，保険証券に表示します。

（注）別表3は省略。

■解　約

解約とは，保険契約者が保険会社に申し出てそれ以後の保険契約の継続を打ち切ることをいう。その時点で保険契約は消滅し，それ以降の保障がなくなる。保険会社はその保険契約について解約返戻金があれば払い戻すが，通常の場合，払い込んだ保険料の合計額よりも少なくなる。

【普通保険約款の例】

> **第29条《保険契約の解約》**
> 1．保険契約者は，いつでも将来に向かって保険契約の解約を請求することができます。
> 2．本条の規定によって保険契約の解約を請求するときは，保険契約者は，別表3に定める必要書類を会社に提出してください。
> 3．本条の規定により保険契約が解約された場合に，解約返戻金があるときは，会社はこれを保険契約者に支払います。

■解約返戻金

解約返戻金とは，保険契約が解約された場合に保険契約者に払い戻される金員のことをいう。保険契約を解約する場合，保険契約者が法人であれば，その法人に解約返戻金が払い戻されることになる。解約返戻金とともに前納保険料，未経過保険料等が払い戻される場合があり，それらを含めて「解約返戻金等」，「解約返戻金相当額」とする場合もある。

【普通保険約款の例】

> **第30条《返戻金》**
> 1．保険契約の解約返戻金は，保険料払込期間中の場合にはその保険料を払い込んだ年月数および経過した年月数に基づき，保険料払込済の場合にはその経過した年月数に基づき，会社の定める方法により計算します。
> 2．保険契約の責任準備金は，保険料払込期間中の場合にはその保険料を払い込んだ

年月数および経過した年月数に基づき，保険料払込済の場合にはその経過した年月数に基づき，会社の定める方法により計算します。（以下，省略）

■責任準備金

責任準備金とは，将来の保険金等を支払うために保険料の中から保険会社が積み立てる積立金のことをいう。

■契約年齢

契約年齢とは，契約日における被保険者の年齢のことをいう。満年齢で計算する場合と保険年齢で計算する場合があり，保険会社等によって対応が異なるため注意する必要がある。

【普通保険約款の例】

> 第37条《年齢の計算》
> 1．被保険者の契約年齢は満年で計算し，1年未満の端数は切り捨てます。
> 2．被保険者の契約後の年齢は，すべて前項に規定する契約年齢に契約日の年単位の応当日ごとに1歳加えて計算します。

■保険年齢

保険年齢とは，保険料を算出する際に使用するものである。満年齢で考えた場合，端数が6か月以下のときは切り捨て，6か月超の場合は切り上げる。

■配当金

配当金とは，生命保険契約の予定率に差異が生じ剰余金が生じた場合に，剰余金の還元として保険契約者に分配される金員のことをいう。配当金の分配がある仕組みの有配当の保険と配当金の分配のない仕組みの無配当の保険に分類される。

【普通保険約款の例】

> 第42条《契約者配当》
> この保険契約に対しては，契約者配当はありません。

(注) 上記の用語は生命保険に関する一般的な知識に基づいて記述している。責任開始期，失効・復活の考え方等については，保険会社や保険商品，保険契約の締結時期等によって内容が異なる場合がある。実務上，個々の契約についてはそれぞれの約款等で確認する必要がある。

4 生命保険の活用事例

(1) 相続税対策

ア 趣　旨

近年の税制改正による相続税の基礎控除の縮減等により，あらためて生命保険の機能が注目されている。

相続財産の多くを不動産等の固定資産が占めている場合など，相続人が相続税の支払に窮することがある。相続財産を現金化したくても買い手が見つからない，物納も困難ということも珍しくない。そのような相続人にとって，相続後，相続税の納税前のタイミングで保険会社から現金が支払われることになる生命保険は，納税資金の準備手段としては最適なツールの1つといえるであろう。

そのことから，被相続人が生前に推定相続人に対して現金を贈与し，推定相続人がその資金で保険に加入して納税資金を準備する，というケースが多くみられる。

イ 契約例

```
■保険種類　低解約返戻金型定期保険
■契約者（保険料負担者）　推定相続人
■被保険者　被相続人
■保険金受取人　推定相続人
■保険料（年払）　80万円
■死亡保険金　2,000万円
■保険期間・保険料払込期間　100歳まで
```

ウ 解　説

被保険者の死亡時に相続人が受け取る死亡保険金は一時所得の対象となる。相続人からすれば相続財産を減少させつつ，計画的に納税資金を準備することができる。契約者と死亡保険金受取人を子供，被保険者を資産家の親とするようなケースが典型的な例であろう。

生前贈与を行う場合には，贈与契約の成立等について慎重に判断しながら，

各種の手続を進めることが重要である。

(2) 事業保障対策
ア 趣 旨
中小企業の場合，経営者イコール創業者という場合も多く，経営者は経営，財務，人事，広報，営業の中心であり，かつ株主でもある。「経営戦略を立案できる，金融機関と話ができる，人を採用できるのは経営者だけ」といったケースも珍しくない。

経営者に突然の不幸があった場合，会社は大きなダメージを受けることになる。新経営者によって会社が立ち直るまで一定の期間を必要としたり，遺族が経営の継続を断念し会社を清算したりする場合もあるであろう。

このように「経営者に突然の不幸」があった場合において，生命保険は大きな効果を発揮することになる。事前に保険料を支出することによって有事に保険金を受け取る，「リスク・コントロール（リスクの平準化）の手段」と表現することができる。

イ 契約例

```
■保険種類  定期保険
■契約者  法人
■被保険者  経営者
■保険金受取人  法人
■保険料（月払）  4万円
■死亡保険金  5,000万円
■保険期間・保険料払込期間  70歳まで
```

ウ 解 説
イの場合，経営者が死亡すると，保険会社から法人に対して5,000万円の死亡保険金が支払われることになる。これを当面の運転資金に回してもいいし，死亡退職金として経営者の遺族に支払ってもよい。中小企業経営にとって，このような保険に加入しているかどうかは，会社の存続や遺族の今後の生活にも少なからず影響を与えるといえるであろう。

事業保険の場合，経営者の視点からは「保険料として〇〇万円払っている」，「死亡保険金額は〇〇万円である」といったことが重要視され，「保険期間がど

れくらいか（勇退までの期間等から考慮して適切か？）」，「保険金はどのように受け取るのか（一時金か年金か？）」といったことへの関心が薄い場合がある。税理士等は，次章以降の保険税務の知識を踏まえて，このような観点からの助言を行うことが重要であろう。

(3) 役員退職金準備
ア 趣 旨
中小企業代表者の退職金を準備する手段としても生命保険は有用である。代表者の死亡退職金と生存退職金の両方を合理的に準備することができる。

代表者の退職金は従業員と比べると公的な制度を用いた準備手段が限られている。役員自身が自ら計画的に準備するということも稀である。勇退時期が近付いてから急に準備し始めたとしても，会社の資金繰りを圧迫してしまう可能性がある。

税理士等は会社の資金繰り等のバランスを見ながら計画的に準備することを助言するべきであり，そのためのツールとして生命保険を活用することができる。死亡退職金と同時に生存退職金を準備するためには，解約返戻金が発生する長期平準定期保険，逓増定期保険といった保険種類を選択することが望ましい。

イ 契約例

```
■保険種類　長期平準定期保険
■契約者　法人
■被保険者　経営者
■保険金受取人　法人
■保険料（年払）　140万円
■死亡保険金　5,000万円
■保険期間・保険料払込期間　100歳まで
```

ウ 解 説
中小企業の場合，期間の経過とともに会社の経営状況も変化する。生命保険契約後も，会社の経営状況，役員報酬，勇退時期に関する経営者の考え方等に留意し，適宜プランを修正する必要がある。

また，期間が経過すれば保険税務等の税制や課税上の取扱いが変更される可能性もある。税理士等は公的機関や保険会社等が発信する情報を参考にしなが

ら，クライアントからの相談に対して適切な助言をすることが求められる。

(4) 福利厚生対策
ア 趣 旨
中小企業では，従業員の福利厚生のために養老保険に加入する場合がある。養老保険は，「福利厚生プラン」，「ハーフタックスプラン」とも呼ばれるが（養老保険については，🔍**6**(7)―42頁も参照），我が国では古くから活用されており，法人が支払う保険料の税務上の取扱いについては，すでに昭和50年代に基本通達が発遣されている（法基通9-3-4）。

法人を契約者，従業員を被保険者とする養老保険への加入目的は，例えば，従業員の退職金，弔慰金を準備することにある。養老保険では，死亡保険金受取人を被保険者の家族，満期保険金受取人を法人とすることにより，支払保険料の2分の1に相当する金額を当該法人の損金の額に算入することができる（法基通9-3-4(3)。同通達の取扱いについて詳しくは，🔍**6**(7)―42頁参照）。

イ 契約例

```
■保険種類　養老保険
■契約者　法人
■被保険者　従業員（10名）
■死亡保険金受取人　従業員の家族
■満期保険金受取人　法人
■保険料（年払）　200万円
■死亡保険金・満期保険金　各人同額500万円
■保険期間・保険料払込期間　65歳まで
```

ウ 解 説
前述の法人税基本通達9-3-4は次のように通達している。

> **法人税基本通達9-3-4《養老保険に係る保険料》(抄)**
> (3) 死亡保険金の受取人が被保険者の遺族で，生存保険金の受取人が当該法人である場合　その支払った保険料の額のうち，その2分の1に相当する金額は(1)により資産に計上し，残額は期間の経過に応じて損金の額に算入する。ただし，役員又は部課長その他特定の使用人（これらの者の親族を含む。）のみを被保険者としている場合には，当該残額は，当該役員又は使用人に対する給与とする。

【参考】

保障総額の充足度，半数が「充分だと思う」49.5％，一方「不足していると思う」27.9％，「不明（わからない）」22.6％と，半数強は保障額に対して確信を持っていない状況

何らかの生命保険（契約者＝法人）に加入していると回答した方に，その保険の「保障額（総額）について，充分だと思いますか」と聞きました。「充分だと思う」との回答は49.5％と約5割，残りは「不足していると思う」27.9％，「不明（わからない）」22.6％と，半数が保障額が適切かどうかの確信を持っていないことが分かりました。

加入している生命保険の保障額（総額）での充足度合
※何らかの生命保険に加入していると回答した方を対象

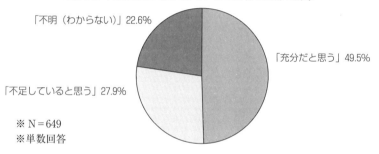

※N＝649
※単数回答

保障期間の充足度，こちらも約半数は確信持てず

さらに，「加入している生命保険の保障期間について，充分だと思いますか」と聞きました。「充分だと思う」との回答は53.6％でしたが，「不足している」21.4％，「不明（わからない）」25.0％との回答が半数近くに上りました。

加入している生命保険の保障期間の充足度合
※何らかの生命保険に加入していると回答した方を対象

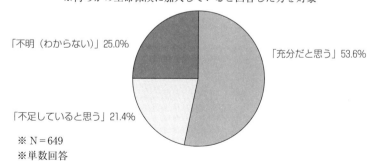

※N＝649
※単数回答

（出所）エヌエヌ生命保険株式会社『中小企業の経営者が考える経営状況予測・意識調査』
調査期間　2016年10月14日から10月20日
調査方法　インターネット調査
調査対象　全国の中小企業経営者1,000名（男女30代から70代）

いわゆる「普遍的加入」といわれる問題であるが，実務において税理士等は，この「普遍的加入」という概念と様々な場面で向き合うことになる。簡単そうで難しい問題であり，与えられた情報を整理しながら，その都度慎重な対応が求められる（「普遍的加入」については，**6**(5)―40頁）。

5　既契約の把握

　加入済みの保険契約を既契約（きけいやく）という。税理士等が顧客の既契約を分析する場合，主に次の点に注目する必要がある。

(1) 契約形態
　保険契約者，被保険者，死亡保険金受取人，満期保険金受取人，給付金受取人等を確認する。これらは保険税務を検討するに当たっての重要な材料になるからである。
　個人契約の場合には，保険契約者だけでなく実質的な保険料負担者も確認する必要がある。保険契約者は妻となっているが，夫の口座から保険料が引き落とされているといったケースも珍しくない。その場合には，夫から妻への贈与という問題にもつながり得る点に注意が必要である。

(2) 保険種類
　終身保険，定期保険，養老保険等，保険種類によって保険税務上の取扱いは異なる。また，保険税務では，原則として主契約と特約を別々に検討することになるので，「その保険の主契約は何か」，「どのような特約が付加されているのか」といった点についても確認する必要がある。

(3) 契約日
　契約日によって税務上の取扱いが異なる場合がある。例えば，逓増定期保険やがん保険の場合，過去の税務上の取扱い変更に基因して，保険契約の時期によって保険料の税務上の取扱いが異なっている。具体的な経理処理を行うためには，現行の取扱いだけではなく，過去の取扱いの確認が必要となる場合がある。

(4) その他
ア 解約返戻金

解約返戻金については，生命保険加入時に保険会社から提示された提案書や保険証券等に記載されている場合があるが，正確な金額を把握するためには都度保険会社等に照会するべきである。保険契約によっては解約返戻金相当額が日単位，月単位で変わる場合があり，過去に行った契約内容の変更，契約者貸付等によって金額が変わることも考えられる。

また，照会日と実際の解約時期の違いについても注意が必要である。例えば，照会した時点での解約返戻金相当額は100万円とされていたが，解約手続が翌月になり，実際に受け取った解約返戻金相当額は80万円となったというようなケースも考えられる。金額を正確に把握するために，いつの時点の解約返戻金なのか，保険会社に正確な日付を伝えて確認することが必要になる場合がある。

イ 契約者・契約内容変更等

生命保険に加入後，契約者変更や受取人変更，保険金額の増額・減額，契約者貸付，自動振替貸付等を行っている場合がある。その場合，その変更内容が顧客の手元にある保険証券に正確に反映されているとは限らない点にも注意が必要である。税理士等は，保険会社から送付される直近の現況案内等を参考にしながら契約者に確認し，不明な点は契約者から保険会社に照会するように指導すべきであろう。

ウ 保険会社

保険会社の商号変更等によって，保険証券上の保険会社名と現在の保険会社名が異なっている場合がある。

現在の名称は現況案内等で確認できると思われるが，取扱保険会社が複数回の名称変更を行っており，その変遷がよく分からないという場合もあり得よう。そこで，生命保険会社の変遷について確認したいという場合には，一般社団法人生命保険協会がそのホームページにおいて公開している『生命保険会社の変遷図』が参考になる（http://www.seiho.or.jp/member/chart/pdf/chart_01.pdf（2016年10月4日訪問））。

参考文献
山下友信ほか『保険法〔第3版補訂版〕』（有斐閣2015）

5　既契約の把握　33

一般社団法人生命保険協会『一般課程テキスト』（生命保険協会2016）
一般社団法人生命保険協会『生命保険総論』（生命保険協会2016）
エヌエヌ生命保険株式会社『ご契約のしおり・約款〔2016年5月改訂〕』（エヌエヌ生命2016）
公益財団法人生命保険文化センターHP（http://www.jili.or.jp/knows_learns/basic/explanation/index.html（2016年10月4日訪問））

#　第2章

生命保険税務の取扱い（基本編）

6 支払保険料の税務

(1) はじめに

　生命保険を巡っては，保険料の支払から保険金の受取・契約の解約等の間，いくつかのタイミングにおいて課税関係が生じる。例えば，保険料の支払をみても，保険料の支払時にその全額を損金の額や必要経費の額への算入が認められる生命保険契約がある一方，その全額について資産計上が求められるもの，すなわち，保険料支払時における損金の額や必要経費の額への算入が一切認められないものなど，生命保険の種類や契約方法如何によってその取扱いは様々である。本章では，主に法人契約（または個人事業主契約）の生命保険契約に焦点を当て，**6**支払保険料の税務，**7**受取保険金の税務，**8**その他の論点と税務に大別し，その課税関係を簡潔にまとめることとしたい。**8**では，所得税法や相続税法に関する論点にも若干触れている。多岐にわたるすべての生命保険商品に係る税務処理をつぶさに検討することは困難であるため，ここでは，生命保険契約の基礎的事項の確認に的をしぼるとともに，複雑な論点については第3章の各Q＆Aや第4章を参照されたい。

　ここでは，以下の契約に係る支払保険料の税務を確認する。

①　定期保険
②　解約返戻金のない定期保険
③　終身保険
④　長期平準定期保険
⑤　逓増定期保険
⑥　養老保険
⑦　がん保険（終身型）

(2) 定期保険

　契約者が法人で，被保険者を役員または従業員とし，死亡保険金の受取人が法人である場合には，かかる保険料は全額損金算入となる（法基通9-3-5，なお，傷害特約等に係る保険料については同9-3-6の2参照）。いわゆる掛捨て保険と呼ばれ

るとおり，保険料を支払っている間に限り保障を受けることができる定期保険については貯蓄性がないと解されるため，期間の経過に応じて損金の額に算入することとされている。

〔例〕保険料100万円
　　（借方）支払保険料　100万円　　　（貸方）現預金　100万円

　死亡保険金の受取人が被保険者の遺族である場合も支払保険料全額を損金の額に算入することができると解される（法基通9-3-5）。この点，支払保険料については給与課税すべきとの考えもあり得るところではあるが，死亡保険金の受取人が被保険者の遺族であるような保険料については，従業員に対する福利厚生的な性格を見出すことができることから，課税実務上は福利厚生費として全額損金算入を認めている。ただし，特定の者のみを被保険者としている場合には，それを福利厚生の一環とすることは妥当ではないと考えられるため，給与課税の対象とされる。なお，ここにいう「特定の者」が役員である場合には，法人税法34条《役員給与の損金不算入》の適用により，定期同額給与等の要件を満たさない限り，損金に算入することができない。

　他方で，保険契約者が個人事業主の場合には，個人事業主本人の生活のための保険契約であるのか，事業上の目的のための加入であるのかについて分けて考えなければならない。個人事業主本人に係る保険料は，「家事上の経費」に当たると解されるため，事業所得等の金額の計算上必要経費に算入することは認められない（所法45①一）。他方で，事業のため，従業員を被保険者とする定期保険に加入する場合は，基本的に，法人が契約者である場合の上記取扱いと同様と解される。すなわち，支払保険料は，所得を生ずべき業務について生じた費用に該当すると解されるため，その全額を必要経費に算入することができるといえよう（所法37①）。

　なお，青色事業専従者（所法57）を被保険者として支払った保険料についても，原則として一般使用人と同様の取扱いをすることができる。しかしながら，家族であること等を理由に，他の一般使用人に比して保険金額が高額であるといったような場合や，他の使用人と同様の条件で加入していたとしても，使用人の大部分が家族従業員である場合などは，必要経費該当性が否定されることもあり得るので注意が必要である。

(3) 解約返戻金のない定期保険

(2)で述べたとおり，定期保険に係る保険料については，原則としてその全額につき損金の額や必要経費の額への算入が認められるが，長期平準定期保険（🔍(5)参照）に該当する場合にはその全額につき損金の額や必要経費の額への算入は認められず，一定の資産計上処理が必要とされている。詳しくは後述するが，長期平準定期保険の場合，通常の定期保険とは異なり，途中解約時に多額の解約返戻金が発生するケースがあるためである。

もっとも，解約返戻金のない定期保険については，長期平準定期保険の要件に該当していたとしても，課税実務ではかかる取扱いによることなく，通常の定期保険と同様の取扱いをすることができるとされている。なぜならば，解約返戻金のない定期保険の場合，保険料の損金算入による課税の繰延べの効果はなく，純粋な保障のみを目的としたものと考えられるためである。この点，国税庁質疑応答事例「解約返戻金のない定期保険の取扱い」が，「当該定期保険については，保険料の支払時の損金算入による税効果を利用して，一方で簿外資金を留保するといった，課税上の問題は生じることもなく，また，長期平準定期保険の取扱いは本件のような解約返戻金の支払が一切ないものを対象とする趣旨ではありません。」とするとおり（国税庁HP），課税実務においては，解約返戻金のない定期保険に係る支払保険料については，定期保険の原則的取扱いに従い，期間の経過に応じて損金の額に算入することができるとされている。

所得税法上の取扱いも，法人税法上の取扱いと同様，原則的な定期保険に係る支払保険料の取扱いによる処理がなされることになる。

(4) 終身保険

終身保険の保険料の取扱いに係る通達はないが，実務上は養老保険（🔍(7)参照）の取扱いに準じた処理がなされている。したがって，被保険者を役員または従業員とし，保険金受取人を会社とした場合の終身保険に係る支払保険料については，全額を資産として計上することになる。

終身保険は，被保険者の一生涯にわたり保障が続くものであり，被保険者の死亡により保険金が支払われる保険である。必ず保険金の支払がなされるという点において，貯蓄性が高いと解されるため，保険料の支払時には損金算入が認められず資産として計上されることになる。

〔例〕保険料100万円
（借方）保険積立金　100万円　　　（貸方）現預金　100万円

　なお，被保険者を役員または従業員とし，保険金受取人をその遺族とした場合には，法人負担の保険料は，当該役員または従業員に対する給与課税の対象となる。
　所得税法上も，法人税法上の取扱いに準じて処理がなされると解される。したがって，被保険者を使用人とする場合において，保険金受取人が個人事業主であれば支払保険料の全額を資産計上する一方，受取人がかかる使用人の遺族である場合は，当該使用人に対する給与として取り扱われる。

(5)　長期平準定期保険
ア　概　要
　長期平準定期保険は，定期保険のうち，特に保険期間が長いものとして下記の一定の要件を満たすものをいう（逓増定期保険（Q(6)参照）を除く。）。
① 　保険期間満了の時における被保険者の年齢が70歳を超えるもの
② 　加入時における被保険者の年齢に保険期間の２倍に相当する数を加えた数が105を超えるもの

　長期平準定期保険は，その保険期間が長期にわたることから，支払保険料のうちに前払保険料に相当する部分が多く含まれていると解され，また，途中解約時において多額の解約返戻金が発生するケースが想定されるため，課税実務上，定期保険の原則的取扱い（Q(2)参照）とは異なる処理が求められている（昭和62年６月16日付け〔平成20年２月28日最終改正〕個別通達「法人が支払う長期平準定期保険等の保険料の取扱いについて」参照）。

イ　支払保険料の損金算入時期
　長期平準定期保険の支払保険料は，その保険期間の前半60％に相当する期間においては，その２分の１を前払保険料などとして資産計上するとともに，残りの金額については，一般の定期保険の保険料の取扱いの例により損金の額に算入する。他方，保険期間の後半40％の期間では支払保険料の全額を損金の額に算入することに加え，前半60％の期間において資産計上してきた前払保険料を期間の経過に応じ取り崩して順次損金の額に算入していくことになる（なお，

1年未満の端数がある場合の取扱いの詳細については通達参照)。

> 〔例〕保険料100万円
> 　　　契約年齢50歳，保険・払込期間100歳まで（50年）
>
> ① 保険期間の当初60％相当の期間（30年目まで）(*1)
> （借方）支払保険料　50万円　　　（貸方）現預金　100万円
> 　　　　前払保険料　50万円
> ② 保険期間の残り40％相当の期間（31年目～50年目まで）
> （借方）支払保険料　175万円　　　（貸方）現預金　　　100万円
> 　　　　　　　　　　　　　　　　　　　　　前払保険料　75万円(*2)
> *1　（100歳－50歳）×60％＝30年
> *2　当初60％相当の期間での前払保険料の総額1,500万円（＝50万円×30年）を，残りの期間20年で取り崩していく（1,500万円÷20年＝75万円）。

ただし，特定の役員等のみを被保険者とする差別的加入（☞差別的加入とは）において，保険金受取人をその者の遺族とする場合には，上記の処理によることなく支払保険料の全額がその被保険者に対する給与として取り扱われることになると解される。

> ☞ **差別的加入**とは，法人が，被保険者を従業員等とする生命保険に加入する際，被保険者とする従業員等を特定の役員や一定の役職以上の者に限定するなどの方法による加入形態をいう。なお，特定人加入と呼ばれることもある。また，すべての従業員等が加入していたとしても，加入金額の多寡により差別的加入と判断される場合もある。例えば，「男性従業員のみ加入」や「部長職以上の加入」等の場合には差別的加入に当たるものと解される。これに対して，普遍的加入（☞普遍的加入とは）がある。
> ☞ **普遍的加入**とは，法人が，被保険者を従業員等とする生命保険に加入する際，原則として従業員等の全員を対象として加入する形態をいう。ただし，職種や年齢，勤続年数等の合理的な基準による場合や，従業員の健康状態を原因として生命保険契約に加入できない者のみを排除する場合などは，普遍的加入と認められるものと解される。なお，実務上，「勤続年数3年以上の者全員加入」などの基準の場合，普遍的加入に該当するとされることが多いといわれているが，あくまでもそれぞれの企業独自の事情に考慮した客観的基準を設ける必要がある。少なくとも，同一条件における従業員については，同一内容の生命保険に加入することが求められると考えるべきであろう。

所得税法上も，法人税法上の取扱いに準じて処理がなされると解される。

(6) 逓増定期保険

ア　概　要

逓増定期保険とは，保険期間の経過により保険金額が5倍までの範囲で増加

する定期保険のうち，その保険期間満了の時における被保険者の年齢が45歳を超えるものをいう。このように，保険金額が増加していく一方，毎年の保険料が平準化されている点に鑑みると，保険期間の前半部分においては，前払保険料相当額が多分に含まれていると考えられる。そこで，課税実務上，長期平準定期保険同様，定期保険の原則的取扱いに代えて，特有の処理が求められている（昭和62年6月16日付け〔平成20年2月28日最終改正〕個別通達「法人が支払う長期平準定期保険等の保険料の取扱いについて」参照）。

イ 支払保険料の損金算入時期

逓増定期保険の支払保険料は，その保険期間の前半60％に相当する期間においては，次の表の区分に応じてそれぞれ定められた割合に相当する金額を前払保険料などとして資産計上するとともに，残額については一般の定期保険の保険料の取扱いの例により損金の額に算入する。他方，保険期間の後半40％の期間では，支払保険料の全額を損金算入することに加え，前半60％の期間において資産計上してきた前払保険料を，期間の経過に応じ取り崩して順次損金の額に算入する。

区分	保険期間前半60％の支払保険料
① 保険期間満了時の被保険者の年齢が45歳を超えるもの（②または③に該当するものを除く。）	2分の1損金算入 2分の1資産計上
② 保険期間満了時の被保険者の年齢が70歳を超え，かつ，加入時における被保険者の年齢に保険期間の2倍に相当する数を加えた数が95を超えるもの（③に該当するものを除く。）	3分の1損金算入 3分の2資産計上
③ 保険期間満了時の被保険者の年齢が80歳を超え，かつ，加入時における被保険者の年齢に保険期間の2倍に相当する数を加えた数が120を超えるもの	4分の1損金算入 4分の3資産計上

> 〔例〕保険料75万円
>   契約年齢45歳,保険・払込期間70歳まで（25年）
>   （上記表における①のケースに該当する。）
>
> ① 保険期間の当初60％相当の期間（15年目まで(*1)）
> （借方）支払保険料　37万5,000円　　（貸方）現預金　75万円
>   　　　前払保険料　37万5,000円
> *1 （70歳－45歳）×60％＝15年
>
> ② 保険期間の残り40％相当の期間（16年目〜25年目まで）
> （借方）支払保険料　131万2,500円　　（貸方）現預金　　75万円
> 　　　　　　　　　　　　　　　　　　　　　前払保険料　56万2,500円(*2)
> *2 当初60％相当の期間での前払保険料の総額562万5,000円（＝37万5,000円×15年）を,残りの期間10年で取り崩していく（562万5,000円÷10年＝56万2,500円）

ただし，特定の役員等のみを被保険者とするケースにおいて（差別的加入），保険金受取人をその者の遺族とする場合には，上記の処理によることなく，支払保険料の全額がその被保険者に対する給与として取り扱われることになる。

所得税法上も，法人税法上の取扱いに準じて処理がなされると解される。

(7) 養老保険

ア 概 要

養老保険とは，一定の保険期間を定め，その間に被保険者が死亡した場合には，死亡保険金受取人に対し死亡保険金が支払われる一方，被保険者が死亡せずに満期になったときには，満期保険金受取人に対し満期保険金が支払われる保険契約をいう（🔍**2**―8頁参照。なお，死亡保険金と満期保険金は同額）。このように，養老保険は貯蓄性の高い保険といえるところ，課税実務においては，法人税基本通達9-3-4《養老保険に係る保険料》が設けられている。

イ 支払保険料の損金算入時期

法人税基本通達9-3-4を要約すると以下のとおりとなる。

① 満期保険金受取人：法人，死亡保険金受取人：法人

養老保険は貯蓄性の高い保険といえるため，法人が保険料を支払い，満期・死亡保険金の両方の受取人である場合には，支払保険料の全額を保険契約終了の時まで資産計上する。

② 満期保険金受取人：従業員等，死亡保険金受取人：従業員等の遺族
　法人が保険料を支払い，満期保険金受取人を被保険者である役員または従業員とし，死亡保険金受取人をその被保険者の遺族とする場合，養老保険の貯蓄性の高さに鑑み，法人が支払った保険料は，被保険者に対する給与として処理される。
③ 満期保険金受取人：法人，死亡保険金受取人：従業員等の遺族
　法人が保険料を支払い，満期保険金受取人を法人とし，死亡保険金受取人を役員や従業員等被保険者の遺族とする場合には，支払保険料の2分の1を資産計上し，残りの2分の1を損金の額に算入する。
　なお，企業の福利厚生の充実を図ることを目的に，役員・従業員の全員を被保険者として加入させる契約形態による場合は（普遍的加入：6—40頁参照），福利厚生費として処理される。こうした加入形態の養老保険は「福利厚生プラン」と呼ばれ，また「ハーフタックスプラン」などとも呼称されるものである。

〔例〕保険料100万円，養老保険（福利厚生プラン）の場合
　（借方）保険積立金　50万円　　　（貸方）現預金　100万円
　　　　福利厚生費　50万円

　普遍的加入であるか否かに係る明確な判断基準が存在するわけではないが，勤続年数等に基づく合理的な基準を設けておくべきであり，かかる基準は社内規則等で明らかにしておくことが好ましい。また，被保険者とすべき従業員等が病気等により加入できない場合や，従業員本人が加入を拒む場合も考え得るが，その場合には加入しなかったことについて正当な理由がある旨やその経過を記録として明らかにしておくべきであろう。
　なお，特定の者だけを被保険者として加入する場合には，福利厚生費ではなく，その者に対する給与として処理される点に注意が必要である。

　ウ　逆ハーフタックスプラン
　上記法人税基本通達9-3-4に掲げられる3つのケース以外に，満期保険金受取人を従業員等とし，死亡保険金受取人を法人とするプランも想定し得る。いわばこのケースは，保険金受取人がイ③の逆となっているタイプの養老保険であり，「逆ハーフタックスプラン」などと呼ばれるものである。
　当該ケースに関する直接的な通達はない。そこで，過去には，法人が負担し

た保険料のうち，2分の1を被保険者への給与として処理し，かつ，残りの2分の1を支払保険料など期間の経過に応じて損金算入する解釈の余地があるといわれてきたこともある。この解釈によれば，全額損金の額への算入の可能性もあるといえるが，かかる解釈の妥当性に関してはかねてより議論の対象となっているところであり，管見するところによれば，現在新規での保険取扱いはないと思われる（🔍 **9** Q5—70頁参照）。

エ　所得税法上の取扱い（個人事業主の場合）

　個人事業主が使用人を被保険者として契約する養老保険の取扱いについては，所得税法において明確な定めがない。所得税基本通達36-31《使用者契約の養老保険に係る経済的利益》が，被保険者が受ける経済的利益の取扱いについて通達しているものの，同通達は，上記の法人税基本通達9-3-4が示すように保険契約者の支払った保険料の区分を明らかにしているわけではない。したがって，実務上は，法人税基本通達9-3-4の取扱いに準じて所得税法上の処理を行っているものと思われる。かかる理解による以上，満期および死亡保険金の受取人を個人事業主とする養老保険の保険料については資産計上する一方，同保険金の受取人を被保険者である使用人とその遺族とする場合には，その者に対する給与として取り扱うものと解される。また，法人税法上の通達の処理に準ずるとすれば，「福利厚生プラン」，すなわち福利厚生の充実のため満期保険金受取人を個人事業主とし，死亡保険金受取人を被保険者の遺族とする場合には，その支払保険料の2分の1を資産計上するとともに，残りの2分の1については福利厚生費として必要経費に算入することになる（特定の使用人のみを被保険者として加入する場合には，その者に対する給与として処理される。）。

　このように，所得税法において明確な取扱規定がない場合には，法人税法上の類似の取扱いを参考にして解釈を展開する余地もあると思われる。所得税法も法人税法も，所得課税法という点で共通する以上，所得税法の解釈において法人税法上の取扱いを参考にできる部分も少なからず存在するであろう。この点，確かに，保険税務においても所得税法上の取扱いが不明確な箇所については，法人税法に準じて考える場面もあり得ると思われるが，法人税法上の取扱いを，そのまますべて所得税法上の取扱いとして認めることができるか否かに関しては議論のあるところである。ましてや，法人税法の解釈通達が述べているにすぎない処理の方法を，直接所得税法のルールとして取り込むことが妥当

か否かについては検討の余地があるといえる（この点については，🔍**21**―184頁参照）。

(8) がん保険（終身型）

ア　概　要

法人契約のがん保険（終身型）に係る保険料については，平成24年4月27日に個別通達「法人が支払う『がん保険』（終身保障タイプ）の保険料の取扱いについて」（課法2-5ほか）が発遣され，保険期間が終身であるがん保険に係る保険料について取扱いの変更が公表された。これにより，課税実務上，同日以後の契約に係るがん保険（終身型）の保険料は，終身払込みと有期払込みの別により，以下のように取り扱われることとなった。

なお，かかる取扱いの変更趣旨について，同通達が「保険期間が終身である『がん保険』は，保険期間が長期にわたるものの，高齢化するにつれて高まる発生率等に対し，平準化した保険料を算出していることから，保険期間の前半において中途解約又は失効した場合には，相当多額の解約返戻金が生ずる。このため，支払保険料を単に支払の対象となる期間の経過により損金の額に算入することは適当でない。」と説明しているとおり，保険料のうち前払保険料が占める割合や，昨今，解約返戻金の割合等に変化が生じてきていたことを念頭に置いてなされた変更であると解される。

イ　終身払込みの場合における支払保険料の損金算入時期

同通達により，契約日が平成24年4月27日以降となるがん保険（終身保障タイプ）で，保険料払込期間が終身のものについては，計算上の保険期間満了年齢を105歳とし，保険期間の前半50％の期間（以下「前払期間」という。）においては，支払保険料の2分の1相当額を資産計上し，残りの2分の1を損金の額に算入することとする一方，後半50％の期間においては，支払保険料の全額を損金の額に算入しつつ，前払期間に資産計上された額をその期間に応じて取り崩していくこととされた。

> ✎　ただし，例外として，解約返戻金が発生しない保険契約（保険料払込期間が有期払込みであり，保険料払込期間が終了した後の解約等においてごく小額の払戻金がある契約を含む。）については，保険料の払込みの都度損金の額に算入することが認められている。

> 〔例〕保険料100万円
>   契約年齢45歳,払込期間終身
>
> ① 前払期間(30年目まで)[*1]
> (借方)支払保険料　50万円　　　(貸方)現預金　100万円
> 　　　 前払保険料　50万円
> ② 前払期間経過後(31年目〜60年目)
> (借方)支払保険料　150万円　　　(貸方)現預金　100万円
> 　　　　　　　　　　　　　　　　　　　 前払保険料　50万円[*2]
>
> *1　(105歳－45歳)×50％＝30年
> *2　前払期間30年間での前払保険料の総額1,500万円(＝50万円×30年)を,残りの期間30年で取り崩していく(1,500万円÷30年＝50万円)

ウ　有期払込みの場合における支払保険料の損金算入時期

有期払込みの場合における支払保険料については,保険料の払込期間と前半50％の期間(前払期間)の関係に従って,次のように取り扱う。

(ア)　前払期間

(a)　保険料払込期間中　次の算式により「当期分保険料」を算出し,各年の支払保険料のうち,当期分保険料の2分の1に相当する金額と,当期分保険料を超える金額を資産計上し,残額を損金の額に算入する。

> **【当期分保険料と資産計上額の算式】**
>
> $$支払保険料 \times \frac{保険料払込期間}{保険期間} = 当期分保険料$$
>
> $$(支払保険料 － 当期分保険料) + 当期分保険料 \times 1/2 = 資産計上額$$

(b)　保険料払込満了後　当期分保険料の2分の1に相当する金額を,上記(a)による資産計上累計額から取り崩して損金の額に算入していく。

(イ)　前払期間経過後の期間

(a)　保険料払込期間が終了するまでの期間　各年の支払保険料のうち,当期分保険料を超える金額を資産計上し,残額を損金の額に算入する。また,次の算式により計算した「取崩損金算入額」を,上記(ア)(a)による資産計上累計額から順次取り崩して損金の額に算入する。

> **【取崩損金算入額の算式】**
>
> $$\left(\frac{当期分保険料}{2} \times 前払期間 \right) \times \frac{1}{105 － 前払期間経過年齢} = 取崩損金算入額$$

(b) **保険料払込期間が終了した後の期間** 当期分保険料の金額と取崩損金算入額を，上記(ア)および(イ)(a)による資産計上累計額から取り崩して損金の額に算入する。

〔例〕保険料120万円
　　　契約年齢45歳，払込期間60歳払済
　　　(i) 前払期間　　　　　　　　30年（45歳～75歳）(*1)
　　　(ii) 前払期間経過後の期間　　30年（75歳～105歳）
　　　(iii) 保険料払込期間　　　　15年（45歳～60歳）
　　* 1　（105歳－45歳）×50％＝30年

① 保険料払込期間：加入時～15年目（上記 c：45歳～60歳）
（借方）支払保険料　15万円　　（貸方）現預金　120万円
　　　　前払保険料　105万円(*2)
　* 2　当期分保険料　120万円×15年/60年＝30万円
　　　（120万円－30万円）＋30万円×1/2＝105万円
　　　支払った保険料のうち，当期分保険料の1/2を損金算入し，残額は資産計上する。

② 保険料払込期間満了後：16年目～30年目（60歳～75歳）
（借方）支払保険料　15万円　　（貸方）前払保険料　15万円(*3)
　* 3　30万円（当期分保険料）×1/2＝15万円
　　　資産計上してきた前払保険料から，当期保険料の1/2を取り崩し損金算入していく。

③ 前払期間経過後の期間：31年目以降（75歳以降）
（借方）支払保険料　45万円　　（貸方）前払保険料　45万円(*4)
　* 4　105万円×15年－15万円×15年＝1,350万円
　　　1,350万円÷（105歳－75歳）＝45万円
　　　資産計上されている前払保険料の残額を均等に取り崩し損金算入していく。

7　受取保険金の税務

(1) はじめに
　保険金等の受取時の経理処理は，保険料支払時に資産計上がなされているか否かで取扱いが異なる。以下では次の3つの場合に大別して受領時の処理を確認する。
　① 死亡保険金を受領した場合
　② 満期保険金を受領した場合
　③ 医療保険金（入院給付金等）の給付金を受領した場合

(2) 死亡保険金
　死亡保険金を受領した場合，保険金受取人が法人か役員または従業員の遺族であるか，これまで資産計上がなされてきたか否かによって4パターンの経理処理が想定される。

ア　保険金受取人：法人，資産計上なし
　保険金受取人が法人で，かつ，資産計上がされていない場合には，法人が受領した死亡保険金は収益として認識され，益金の額に算入される。
　なお，受領した死亡保険金を，遺族に死亡退職金や弔慰金として支払った場合において，かかる金額が社会通念上相当な額である場合には損金の額に算入することができると解される（イにおいて同じ。）。

イ　保険金受取人：法人，資産計上あり
　これまでに資産計上されている前払保険料等などを取り崩し，受領した死亡保険金と，その差額を収入ないしは損失として処理する。

〔例〕死亡保険金500万円，資産計上額200万円の場合
　（借方）現預金　500万円　　（貸方）前払保険料　200万円
　　　　　　　　　　　　　　　　　　雑収入　　　　300万円

ウ　保険金受取人：役員または従業員の遺族，資産計上なし
　保険料支払時に，役員または従業員に対する給与や福利厚生費等としてかか

る保険料の全額を損金の額に算入しているため，保険金受取人が役員または従業員の遺族の場合，被保険者死亡時において法人が特段の経理処理をする必要はない。

なお，遺族が受領する死亡保険金は，役員または従業員の被保険者が実質的な保険料負担者であると解されるため，相続税の課税対象となる。死亡保険金について，保険金受取人が相続人である場合には相続税の非課税枠が設けられている（原則として500万円×法定相続人の数。相法12①五。詳しくは，🔍**8**(8)，**8**(9)参照）。

🔖 相続を放棄した者や相続権を失った者等の取得した保険金については非課税規定の適用はないものとされている（相基通12-8）。

エ　保険金受取人：役員または従業員の遺族，資産計上あり

保険金受取人が役員または従業員の遺族で，資産計上がされている場合，保険料支払時に損金の額に算入されていない部分が存在する（資産計上額）。したがって，資産計上されてきた前払保険料等を取り崩し，雑損失等として損金の額に算入する。

〔例〕死亡保険金500万円，資産計上額200万円の場合
　　（借方）雑損失　200万円　　　（貸方）保険積立金　200万円

高度障害保険金を受領した場合にも，死亡保険金に係る上記4つのパターンと同様の経理処理がなされる。すなわち，高度障害保険金であっても，法人受取の場合には非課税ではなく課税対象となる。ただし，死亡保険金と同様，高度障害保険金を見舞金などとして当該従業員等に支給する場合には損金の額に算入することができる。なお，被保険者が受領する高度障害保険金は，「身体の傷害に基因して支払を受けるもの」に該当し，所得税は非課税となる（所法9①十七，所令30一）。

オ　死亡保険金の益金算入時期

死亡保険金受取人が法人である場合，かかる保険金の益金算入時期が問題となる。例えば，被保険者が決算日直前に死亡した場合などは，保険金の支払が翌期にずれ込むこともあり得よう。しかしながら，議論があるところではあるが，かかる保険金の収益計上は，保険事故が発生した日に行うべきと解される（🔍**14** Q23―113頁）。もっとも，保険金支払に当たり調査等が必要である場合や，特別な事情等によりその保険金が受領できない可能性が高い場合等には，支払

の通知を受けた日や，請求が可能となった日などにおいて収益を計上すべき場合も想定し得るが，いずれにせよ，保険金受領に係る「権利が確定した日」に収益計上をすべきと解される（権利確定主義。なお，個人所得税においても同様）。

(3) 満期保険金

満期保険金についても，受取人が法人であるか，被保険者たる従業員等であるかにより処理が異なる。ここでは養老保険を前提として取扱いを確認する（🔍6(7)参照）。

ア 満期保険金受取人：法人，死亡保険金受取人：法人

養老保険は貯蓄性の高い保険であるため，満期保険金受取人および死亡保険金受取人の両方が法人である場合には，保険料の支払時においてはその全額を保険積立金勘定などにより資産計上している。そのため，満期保険金受領時にはかかる資産を取り崩すとともに，受領した満期保険金との差額を雑収入として益金の額に算入する。

〔例〕満期保険金1,000万円，資産計上額950万円の場合
　　（借方）現預金　1,000万円　　（貸方）保険積立金　950万円
　　　　　　　　　　　　　　　　　　　　雑収入　　　　50万円

イ 満期保険金受取人：従業員等，死亡保険金受取人：従業員等の遺族

満期保険金受取人を被保険者である役員または従業員とし，死亡保険金受取人をその被保険者の遺族とした養老保険の場合，支払った保険料は，被保険者に対する給与として処理される。したがって，満期保険金が被保険者である使用人等に支払われた場合，法人の経理処理は必要ない。

なお，被保険者である使用人等が受け取った満期保険金は，所得税法上，一時所得（☞一時所得とは）として取り扱われる。この場合，これまで給与課税されてきた保険料を，一時所得の金額の計算上，「その収入を得るために支出した金額」として，満期保険金の額から控除することができる（所法34②）。

　☞　**一時所得**とは，「利子所得，配当所得，不動産所得，事業所得，給与所得，退職所得，山林所得及び譲渡所得以外の所得のうち，営利を目的とする継続的行為から生じた所得以外の一時の所得で労務その他の役務又は資産の譲渡の対価としての性質を有しないもの」をいう（所法34①）。一時所得の金額は，その年中の総収入金額からその収入を得るために支出した金額の合計額を控除し，その残額から特別控除額（50万円。ただし，そ

の残額が50万円に満たない場合はその残額）を控除した金額とされている（所法34②③）。

ウ　満期保険金受取人：法人，死亡保険金受取人：従業員等の遺族

養老保険の，いわゆる福利厚生プランにおいて，法人が満期保険金を受け取った場合，それまで資産計上してきた額を取り崩し，その差額を雑収入として益金の額に算入する。

```
〔例〕満期保険金1,000万円，資産計上額500万円の場合
　（借方）現預金　1,000万円　　（貸方）保険積立金　500万円
　　　　　　　　　　　　　　　　　　　雑収入　　　　500万円
```

エ　満期保険金の益金算入時期

満期保険金については，死亡保険金とは異なり，満期日と同時に保険金受領の権利が確定すると捉えることができる。したがって，権利確定主義の考え方からすれば，実際の保険金入金日等にかかわらず，満期日に収益計上すべきと解される。

ただし，法人が満期保険金を年金払で受け取る場合において，契約時等にあらかじめ年金で支払う旨を約定している契約については，課税実務上，年金受取の都度益金に計上して差し支えないものとされている。ただし，満期保険金の受取時に年金払特約を付加した場合には，満期保険の全額を受け取ったものとして処理することとされている。なお，満期保険金を据え置いた場合には，たとえ法人に対して実際の支払がなかったとしても，満期時に満期保険金を受け取ったものとして処理しなければならない。

(4)　医療保険金（入院給付金等）

ア　給付金受取人が被保険者の場合

入院給付金等が，被保険者である役員または従業員に保険会社から直接支払われる場合，法人は経理処理の必要がない。

なお，被保険者が受け取る入院給付金等は，「身体の傷害に基因して支払を受けるもの」に該当するため，所得税は非課税となる（所法9①十七，所令30一）。

イ　給付金受取人が法人の場合

入院給付金は，多くの場合被保険者に直接支払われることとなるが，受取人

が法人に指定されている場合に，法人が入院給付金を受領したときは，雑収入として益金の額に算入する。

実務上，受領した入院給付金を，社内規程等に則って，被保険者に見舞金などとして支給した場合，社会通念上相当とされる金額の範囲内であれば，福利厚生費として損金の額に算入することができるものと解されている（後述）。

〔例〕入院給付金50万円，見舞金5万円の場合
（借方）現預金　　　50万円　　　（貸方）雑収入　　50万円
　　　　福利厚生費　5万円　　　　　　　現預金　　5万円

上記アのとおり，入院給付金等が，被保険者である役員または従業員に保険会社から直接支払われる場合には，「身体の傷害に基因して支払を受けるもの」に該当するため所得税は非課税となる。しかしながら，給付金受取人が法人であって，見舞金として従業員等に支払われる場合には，「社会通念上相当とされる金額」を超えた部分の金額については非課税にはならず，給与として課税対象となるので留意しなければならない。

なお，「社会通念上相当とされる金額」について，国税不服審判所平成14年6月13日裁決（裁決事例集63号309頁）は次のように述べ，入院1回当たりおおむね5万円が社会通念上相当であるとしている（🔍⑩Q9—78頁参照）。

「一般に，慶弔，禍福に際し支払われる金品に要する費用の額は，地域性及びその法人の営む業種，規模により影響されると判断されることから，当審判所においては，改定類似法人のうち見舞金等の福利厚生費の規定が存する8社についてその役員に対する見舞金等の支給状況を検討したところ，…法人の役員に対して支払われる福利厚生費としての見舞金の額は，入院一回当たり50,000円が社会通念上相当である金額の上限と認められる。」

ただし，同裁決が，「一般に，慶弔，禍福に際し支払われる金品に要する費用の額は，地域性及びその法人の営む業種，規模により影響されると判断される」としていることからも明らかなとおり，5万円という金額が必ずしも明確な基準であるというわけではないため，金額の妥当性については，その地域性や同業他社等との比較から合理的に算定するほかないといえよう。

8 その他の論点と税務

(1) 解約返戻金
解約返戻金については，保険料支払時に資産計上がされていたか否かによって税務上の処理が異なる。

ア 資産計上されていない場合
保険料の支払時において，全額を損金の額に算入しているため，受領した解約返戻金は全額雑収入として益金の額に算入すべきこととなる。

〔例〕解約返戻金100万円の場合
（借方）現預金　100万円　　　（貸方）雑収入　100万円

イ 資産計上されている場合
保険料の支払時において，その全額もしくは一部を保険積立金等として資産計上している場合には，資産計上されている金額を取り崩すとともに，受領した解約返戻金との差額を雑収入ないしは雑損失として処理する。

〔例〕解約返戻金90万円，資産計上100万円の場合
（借方）現預金　90万円　　　（貸方）保険積立金　100万円
　　　　雑損失　10万円

　保険料の支払が中断され，契約上の払込猶予期間を経過しても保険料が支払われない場合には，かかる保険契約は効力を失う。失効時には特段の処理は必要ないが，失効に伴い解約がなされ，解約返戻金を受領した場合や，復活可能期間満了の場合には上記の処理を行うこととなる（🔍12 Q19—98頁参照）。

(2) 契約者貸付

ア 貸付を受けた場合
終身保険や養老保険などの資産性の保険の場合，一定の責任準備金の範囲内で契約者貸付を受けることができる。契約者貸付を受けることは一般的な借入を受けることと何ら相違がないため，通常の借入と同様の処理を行う。

> 〔例〕契約者貸付100万円，1年経過後の利息3万円の場合
> ① 貸付を受けた時
> （借方）現預金　　100万円　　（貸方）借入金　　100万円
> ② 1年経過後（利息元本組入れ）
> （借方）支払利息　　3万円　　（貸方）借入金　　3万円

イ　契約が消滅した場合

契約者貸付を受けている状態で，死亡や解約等により契約が消滅する場合，借入金や支払利息は，保険金と相殺されて支払われることになる。なお，資産計上されている場合には取崩しを行う。

> 〔例〕死亡保険金2,000万円，資産計上額900万円
> 　　　借入金500万円，支払利息10万円の場合
> （借方）現預金　　1,490万円　　（貸方）保険積立金　　900万円
> 　　　　借入金　　　500万円　　　　　　雑収入　　　1,100万円
> 　　　　支払利息　　 10万円

(3)　支払調書

被保険者の死亡や解約等により，生命保険契約に基づく保険金等の支払をする者（保険会社等）は，支払に関する調書を，その支払の確定した日の属する年の翌年1月31日までに，税務署長に提出しなければならないこととされている（所法225①四）。当該支払調書には，その支払を受ける者の氏名，住所，個人番号（☞個人番号とは），支払事由，生命保険金等の金額，同保険金等につき源泉徴収される所得税の額等を記載することとされている（所規86①）。

なお，1回に支払うべき保険金等の金額が100万円以下である場合には，支払調書の提出を要さない（所規86③二）。

> ☞ **個人番号**とは，「行政手続における特定の個人を識別するための番号の利用等に関する法律」に基づき，平成27年10月以降，各個人に通知されている12桁の番号（マイナンバー）をいう。なお，各法人には13桁の「法人番号」が通知されている。
> ✐ 平成27年度税制改正により，生命保険契約にかかる契約者死亡に伴い契約者変更を行った場合には，その効力が生じた年の翌年1月までに保険会社から支払調書の提出が義務付けられることとされた。なお，当該改正は，平成30年1月1日以後の契約者変更について適用される。

(4) 名義変更による退職金支給

契約者を法人，被保険者を役員または従業員，死亡保険金の受取人を法人とする終身保険契約等の名義を被保険者である役員または従業員に変更することで，退職金を現物支給することが考えられる。この場合，現物支給される生命保険契約の権利の価額については，議論の余地もあろうが，名義変更の時における解約返戻金相当額であると一般的に解されている。

生命保険契約を現物支給する際は，資産に計上してきた保険積立金を取り崩し，解約返戻金相当額との差額については雑損失ないしは雑収入として処理することになる。

- 役員退職慰労金については，原則，損金の額に算入できるが，同業他社との比較等により明らかに過大と認められる部分の金額については損金の額に算入すべきではないため留意する。
- 役員個人が，名義変更後当該契約を解約した場合，かかる解約返戻金は一時所得となるが，一時所得の金額の計算上「収入を得るために支出した金額」として控除できるのは，名義変更の際に給与課税された金額であると解すべきであろう。法人が負担した保険料のうち，給与課税がなされていない部分がある場合には，一時所得の金額の計算上控除することはできないと考える。なお，名義変更後，当該役員個人が支払った保険料（名義変更に伴い支払われた金員を含む。）がある場合には，かかる保険料相当額を控除することができる。

(5) 生命保険料控除

居住者が，生命保険契約に係る保険料等，介護医療保険契約に係る保険料等および個人年金保険契約等に係る保険料等を支払った場合には，一定の金額を，その居住者のその年分の総所得金額等から控除することができる。これを生命保険料控除という (所法76)。

生命保険料控除は，契約日が平成24年1月1日以降のものと，平成23年12月31日以前のものとで制度が異なっている。平成23年12月31日以前の契約の場合には，一般の生命保険料控除と個人年金保険料控除の2種類について認められていたが (以下「旧保険料控除」という。)，平成24年1月1日以降契約のものについては，その2つに加えて介護医療保険料控除の3種類について控除を受けることができることとされた (以下「新保険料控除」という。)。

【生命保険料控除額の計算】

新保険料控除

一般の生命保険料，個人年金保険料，介護医療保険料の3種類の支払保険料につき，以下の算式に基づき，それぞれ最高4万円ずつ（合計12万円）の所得控除を受けることができる。

それぞれの年間の支払保険料等	控除額
20,000円以下	支払保険料の全額
20,000円超　40,000円以下	支払保険料×1/2＋10,000円
40,000円超　80,000円以下	支払保険料×1/4＋20,000円
80,000円超	40,000円（一律）

旧保険料控除

一般の生命保険料と個人年金保険料の2種類の支払保険料につき，以下の算式に基づき，それぞれ最高5万円ずつ（合計10万円）の所得控除を受けることができる。

それぞれの年間の支払保険料等	控除額
25,000円以下	支払保険料の全額
25,000円超　50,000円以下	支払保険料×1/2＋12,500円
50,000円超　100,000円以下	支払保険料×1/4＋25,000円
100,000円超	50,000円（一律）

新保険料控除と旧保険料控除の両方の契約があった場合，一般，個人年金，

介護保険の種類別に上記算式に基づいた計算を行うが、1つの種類で新旧両方の契約がある場合には、当該種類に係る控除限度額は4万円となる。なお、3種類の合計額は12万円が限度とされている。

(6) 個人契約の生命保険に係る死亡保険金の課税関係

個人契約の生命保険契約に基づく死亡保険金を受け取った場合には、当該契約の保険料負担者が誰であるかによって課税関係が異なる。すなわち、①契約者および被保険者が同一の者である場合には相続税、②契約者および受取人が同一の者で、被保険者が異なる場合には所得税、③契約者、被保険者、受取人がそれぞれ異なる場合には贈与税が課される。なお、これらの場合、名目上（形式上）の契約者が誰であったかという点ではなく、実質的な保険料負担者が誰であったかという観点から課税関係が決定されることに留意しなければならない。

①の場合、死亡保険金はみなし相続財産（☞みなし相続財産とは）として他の相続財産と合算され、相続税の課税対象とされる（相法3①一）。上述のとおり、保険金の受取人が相続人である場合には生命保険金の非課税制度の適用を受けることができる（相法12①五。詳しくは、🔍(9)参照）。これは、ある者の死亡に伴い移転する財産または財産的価値のあるものであるから、相続または遺贈による財産の場合と同じように、相続税の対象とされる（清永・税法173頁）。すなわち、契約者から受取人に対して実質的に相続がなされたものと同視し得ることから、相続税の課税対象とされるのである。

②の場合には、一時所得として所得税の課税対象となる。なお、支払保険料は、一時所得の金額の計算上、「その収入を得るために支出した金額」として控除される（🔍7(3)イ参照）。

③の場合は、受取人が受領した死亡保険金は、保険料負担者からのみなし贈与財産（☞みなし贈与財産とは）として贈与税の課税対象とされる。なお、この点について、金子宏教授は「だれがここにいう保険金受取人であるかは、保険契約上の名義によってではなく、実質に従って判定すべき問題」であるとされる（金子・租税法622頁）。

☞ **みなし相続財産**とは、民法上は相続または遺贈によって取得したものとはいえないが、それと実質を同じくする財産、権利ないし経済的利益のことをいう（金子・小辞典763

頁)。
☞ **みなし贈与財産**とは，私法上の贈与に該当しないものであっても，租税法上贈与による取得財産として扱うものをいう。

以上の課税関係を夫と妻およびその子の三者に置き換えて当てはめるとすれば次の表のようになる。

契約者（保険料負担者）	夫	夫	夫
被保険者	夫	妻	妻
死亡保険金受取人	妻	夫	子
課税関係	①相続税	②所得税	③贈与税

①の場合，夫から妻へのみなし相続財産として相続税の課税対象となる。

②の場合，夫自らが保険料を負担していたことになるため，妻の死亡によって受領した死亡保険金については，夫の一時所得として所得税の課税対象となる。

③の場合，子は自ら保険料の負担をせずに父（夫）から経済的利益を得たことになるため，みなし贈与財産として贈与税が課される。

(7) 個人契約の生命保険に係る満期保険金の課税関係

個人契約の生命保険契約に基づく満期保険金を受け取った場合には，当該契約の契約者（実質的な保険料負担者）と受取人が誰であるかによって課税関係が決せられる。すなわち，契約者と満期保険金受取人が同一人である場合には，一時所得として所得税の課税対象となる一方，契約者と受取人が異なる場合には，契約者から受取人へ贈与があったものとして，受取人に贈与税が課される。要するに，上記(6)の死亡保険金の受領時における課税関係とは異なり，被保険者が誰であるかは課税関係に影響を及ぼさない。

(8) 死亡退職金

生前退職であれば被相続人が受け取るべきであった退職金等を遺族が受け取る場合，みなし相続財産として相続税の課税対象とされる。相続人が受け取る死亡退職金については，退職手当等の非課税限度額（原則として500万円×法定相

続人の数）が設けられている（相法12①六。詳しくは，⚲(9)参照）。

- ✎ なお，相続を放棄した者や相続権を失った者等の取得した退職手当金等については非課税規定の適用はないものとされている（相基通12-10）。
- ✎ なお，課税実務上，遺族受領の死亡保険金が死亡退職金に該当するとされる場合もある（相基通3-17）。

(9) 生命保険金および死亡退職金の相続税の非課税枠

　上述のとおり，被相続人の死亡により各相続人が取得した生命保険契約に基づく保険金や死亡退職金（被相続人に支給されるべきであった退職手当等）のうち，一定の金額に相当する部分は相続税が課されないこととされている。

　この点につき，相続税法12条《相続財産の非課税財産》は，要旨次のように定める。

　すなわち，同条5号は，被相続人の死亡により相続人らが生命保険契約に係る保険金等を取得した場合においては，次の①または②に定める金額に相当する部分について，相続税の課税価格に算入しないこととしている。

> ① 各相続人の取得した保険金の合計額が500万円×法定相続人の数の額（以下，「非課税限度額」という）以下である場合
> 　　各相続人が実際に取得した保険金の金額
> ② 各相続人の取得した保険金の合計額が非課税限度額を超える場合
> 　　保険金の非課税限度額 × (その相続人が取得した保険金の合計額 ÷ 各相続人が取得した保険金の合計額) ＝ その相続人の非課税金額

　このように，各相続人の取得した保険金の合計額について，原則として500万円に法定相続人の数を乗じて算出した非課税限度額までは相続税を課さないこととするとともに，非課税限度額を超える場合には上記②の計算式により求めた金額をその相続人の非課税金額とすることとしている。

　同じく，相続税法12条6号は，被相続人の死亡により相続人らが当該被相続人に支給されるべきであった退職手当金，功労金その他これらに準ずる給与の支給を受けた場合においても，上記保険金等の非課税限度額の計算同様の非課税枠を用意している。すなわち，各相続人の取得した退職手当金等の合計額について，原則として500万円に法定相続人の数を乗じて求めた金額までについては非課税とするとともに，当該非課税限度額を超える場合には，かかる非課税限度額に，退職手当金等の合計額のうちにその相続人が取得した退職手当

の合計額の占める割合を乗じて算出した金額を，その相続人の非課税金額とすることとしている。

第3章
生命保険税務の取扱い（実務編）

9 基礎事例：保険の契約と支払保険料の税務処理

Q1 被保険者が同族関係者に限られている場合

> 同族会社である当社は，従業員等のうち同族関係者のみを被保険者とする定期保険に加入したいと考えています。この場合の支払保険料について，保険金の受取人が法人の場合と被保険者の遺族の場合とで，税務上の取扱いはどのようになりますか。

(1) 論 点

ここでの論点は，法人が契約する定期保険の加入者が従業員等の一部であるときに，保険金の受取人を法人とする場合と被保険者の遺族とする場合の支払保険料の税務上の取扱いはどのようになるかである。

(2) 解 説

ア 保険金の受取人が法人の場合

法人が自己を契約者とし，役員または使用人（これらの親族を含む。）を被保険者とする定期保険に加入してその保険料を支払った場合，死亡保険金の受取人が当該法人であるときには，その支払った保険料の額は，期間の経過に応じて損金の額に算入することとされている（法基通9-3-5(1)）。この取扱いは，被保険者が法人の従業員等の全員であろうと一部であろうと変わらない。

法人が加入する定期保険のうち保険金の受取人が法人である場合における保険料については，「定期保険には貯蓄性がないので，法人を受取人とする場合には，その保険料は一種の金融費用的なものとして損金の額に算入される」との説明がなされている（小原・法基通逐条解説806頁）。つまり，定期保険に係る支払保険料は，一定期間内に保険事故が発生すれば保険金を得ることができるための一種の役務提供の対価としての属性に着目し，期間費用としての損金算入が認められているわけである。

イ　保険金の受取人が被保険者の遺族の場合

一方，保険金の受取人が被保険者の遺族である場合には，保険期間中たまたま従業員等が死亡した場合にその遺族が保険金を収受する。したがって，保険料を支払うことによって得られるであろう経済的利益は，従業員等の遺族が享受していることになる。そのことから，支払保険料は，福利厚生的な意味合いから期間の経過に応じて損金の額に算入することとされている（法基通9-3-5(2)）。

役員または部課長その他特定の使用人（これらの者の親族を含む。）のみを被保険者としている場合には，当該保険料の額は，当該役員または使用人の給与とされる（同通達）。したがって，支払保険料を福利厚生費として損金算入する場合には，従業員等のおおむね全員を対象とした保険契約とする必要がある。

以上の取扱いを踏まえると，保険金の受取人を被保険者の遺族とする場合には，本件では支払保険料を給与として取り扱う必要があるが，被保険者が役員の場合には，役員給与となるため法人税法34条《役員給与の損金不算入》の規定が適用される。この場合，当該支払保険料は継続的に供与される経済的利益の供与に該当し（法基通9-2-11），定期同額給与として取り扱われるが，株主総会（または委任を受けた取締役会）で役員報酬を決議する際にはこの経済的利益についてもあわせて決議しておかないと過大役員報酬（法法34②，法令70①）となるおそれがあるので注意をする必要がある。

なお，従業員等の全員を被保険者としている場合でも，従業員等のすべてまたは大部分が同族関係者である場合には，その同族関係者に係る支払保険料は給与として取り扱われる（所基通36-31の2(2)注2）。

(3)　まとめ

定期保険の保険金の受取人が法人の場合には，その支払保険料は期間の経過に応じて損金算入されるが，保険金の受取人が被保険者の遺族の場合には，本件では支払保険料の経済的利益の享受者が従業員等の一部に限られるので従業員等に対する給与として取り扱う必要がある。

Q2　法人が高額な保険契約を締結し保険料を支払った場合

> 当社は、非常勤役員Aを被保険者とし、保険金の受取人を当社とする定期保険への加入を検討しています。当社の業績は好調なので、保険金額を2億円とし、年間の支払保険料を1,000万円とする予定です。
>
> 当社としては、保険金の受取人を当社とすれば、支払保険料は損金の額に算入できると考えておりますがよろしいでしょうか。
>
> また、仮に保険金受取人をAの遺族とした場合、支払保険料はAの給与として税務上の処理を行えば問題はないと考えてよろしいでしょうか。

(1)　論　点

ここでの論点は、定期保険に係る保険金の受取人が法人である場合に、支払保険料の多寡に関係なく支払保険料が損金の額に算入されるとして取り扱ってよいか、また、保険金の受取人が被保険者の遺族である場合に、支払保険料の多寡に関係なく保険料を給与として取り扱うことで税務上問題はないかである。

(2)　解　説

ア　保険金の受取が法人である場合

法人が生命保険契約を締結する動機には、従業員等の退職金や弔慰金に備えるといった福利厚生資金の準備を目的とするもの、経営者の老後資金や遺族の生活資金、あるいは経営者の保険事故に伴う業績の悪化等に係る事業資金の手当てを目的とするものなど様々なものがあろう。

定期保険の保険金の受取人が法人である場合には、その保険料は、一種の金融費用的な性格から期間費用として取り扱われている（Q1参照）。したがって、保険金の受取人を法人とする定期保険への加入が一種の財務活動であるという観点からすれば、どのような規模の保険契約を締結し、誰を被保険者とするかといった問題は支払保険料の損金性に関する税務上の適否の判断には影響しないのではないかと考えられる。

ただし、一時的な租税負担の軽減を目的とした高額な保険料の支払については注意すべきであろう。課税庁では、保険料の支払時の損金算入による税効果を利用する一方で簿外資金を留保するといった効果を持つ保険契約については

課税上の問題があると認識しており（例えば，国税庁質疑応答「解約返戻金のない定期保険の取扱い」），租税負担の軽減が目的であることが明らかな保険契約については，損金算入した支払保険料が否認されるというリスクがあることは認識しておく必要がある。

イ　保険金の受取人が被保険者の遺族である場合

法人が加入する定期保険で保険金の受取人が被保険者の遺族である場合，役員または特定の使用人のみを被保険者としているときは，支払保険料は当該役員または使用人の給与として取り扱われる（Q1参照）。

したがって，本件の場合，支払保険料は，非常勤役員Aの給与として取り扱われることになるが，仮に株主総会等により，当該経済的利益について決議していたとしても，Aの職務の内容，法人の収益および役員に対する経済的利益の供与の状況，同業種類似法人の支給状況等に照らし，Aの職務に対する対価として相当であると認められる金額を超える場合におけるその超える部分の金額は損金の額に算入されないことになる（法法34②，法令70）。

(3)　まとめ

保険金の受取人が当社である場合，基本的には保険金の規模には関係なく支払保険料は損金の額に算入されることになるが，租税負担の軽減を目的としていることが明らかである場合には損金算入した支払保険料が否認されるというリスクがあるものと認識すべきである。

また，保険金の受取人が非常勤役員の遺族である場合には，当該非常勤役員の給与として取り扱われるが，支払保険料が高額である場合には，過大役員報酬の問題があるので留意する必要がある。

Q3　保険付保規程作成の必要性

> 当社では，役員，従業員を対象に定期保険，養老保険などに加入していますが，保険付保規程は作成しておりません。税務処理上，保険付保規程の作成が損金算入の要件になるようなことがあるのでしょうか。

(1) 論　点

ここでの論点は，法人がその役員または従業員を被保険者として生命保険契約を締結している場合に，保険付保規程がないことが税務上の取扱いに何らかの影響を及ぼすかという点である。

(2) 解　説

ア　損金算入の要件ではない

法人がその役員または従業員を被保険者として締結した生命保険契約に係る保険料を，販売費，一般管理費その他の費用として損金の額に算入する場合において，保険付保規程の作成は，その要件としては求められていない。したがって，法人が生命保険契約を締結する際には，必ず保険付保規程を作成しなくてはならないということはなく，また，かかる規程がないことのみを理由として，損金算入が否認されるわけではない。

規程はあくまでも会社の内規であって，会社の方針をあらかじめ決定して役員，従業員等に周知することを目的とするものであり，その作成が支払保険料の損金算入の要件ではない以上，必ず作成しておかなければならないというものではない。

イ　課税されない経済的利益として処理するケース

もっとも，例えば，生命保険契約において，すべての従業員に対する福利厚生として，各従業員を公平に扱っているという事実が保険付保規程によって確認されることも考えられる。すなわち，役員に対する利益処分等ではないということの証明に当たり，保険付保規程が間接的な事実として事実認定において参考とされることは十分にあり得る。ただし，そのためにかかる規程を用意するということは本末転倒であるが，そのような認定がなされる可能性を知っておくことは専門家としては重要であろう。

例えば，法人がその役員，従業員に対して提供した経済的利益は，当該役員または従業員に対する給与として課税されるのが原則であるが，所得税基本通達36-31から36-31の8および36-32には，使用人が締結した保険契約によって役員または従業員が受ける経済的利益のうち，給与として課税されないものが示されている。これらの取扱いは，満期保険金および死亡保険金の受取人が誰かによって取扱いを異にし，また，特定人を対象とする契約ではなく，ある条件に該当する役員または従業員であれば自動的に対象となるいわゆる普遍的加入（🔍 ⑥―40頁参照）をその要件としているものが多い。

　支払保険料を福利厚生費として処理することの是非の議論においては，保険付保規程において明らかにされた満期保険金および死亡保険金の受取人や加入対象者が考慮されることは十分にあり得るであろう。

(3) まとめ

　保険付保規程を作成することは，支払保険料を損金算入するための要件ではない。したがって，かかる規程の有無によって直接に支払保険料の損金算入の是非が問題とされるわけではない。

　しかしながら，特に支払保険料を福利厚生費として処理する場面においては，課税実務上，普遍的加入が求められていることを念頭におくと，保険金の受取人，加入対象となる役員または従業員の範囲等について，あらかじめ保険付保規程を作成しておくことは望ましいといえよう。もっとも，問題は保険付保規程が事実認定上の参考にされるといっても，かかる規程の存在の有無が問題とされるのではなく，その内容次第であるということはいうまでもない。

Q4 決算期をまたいだ場合の割増保険料の取扱い

> 当社は3月決算法人です。3月20日に保険会社と契約を交わし，3月25日に告知をし，3月28日に1年分の保険料を支払ったところ，4月5日になって保険会社より割増保険料の支払が必要である旨の通知を受けました。
> 4月10日に割増保険料を支払った場合，当該保険契約に係る保険料は，いつの損金の額に算入するべきでしょうか。

(1) 論 点

ここでの論点は，支払った割増保険料の損金算入の時期はいつかという問題である。なお，この論点は割増保険料が必要であると保険会社から通知された生命保険契約がいつ成立したのかという点と大きく関わりを持つ。

(2) 解 説

ア 契約成立の日

保険契約は諾成契約であるため，契約の一般原則に従い，申込みと承諾の意思表示の合致によって成立する（商629, 673）。しかしながら，個人向けの生命保険においては，責任開始と契約成立に関して約款に次のような条項を規定するのが通例である（山下ほか・保険法211頁）。

> ① 保険者は次の時から契約上の責任を負う。
>   (i) 契約の申込みを承諾した後に第1回保険料を受領した場合…第1回保険料を受領した時。
>   (ii) 第1回保険料相当額を受領した後に契約の申込みを承諾した場合…第1回保険料相当額を受領した時。ただし，告知の前に受領した場合は告知の時。
> ② 上記(i)(ii)により保険者の責任が開始される日を契約日とする。

本来であると，保険会社が承諾をした日が契約成立の日となるはずであるが，多くの生命保険契約においては，約款によって責任開始日を承諾の日とは別に設定し，当該責任開始日を契約の日とする特約を設けている。以下，約款において当該条項が付されているケースについて検討を加えよう。

イ　当初の支払保険料の取扱い

　契約締結に当たって保険会社が割増保険料を要求することは，条件付承諾と考えられ，新たな契約の申込みとみなされる。その際，申込者がかかる条件を承諾して割増保険料を支払えば，契約が成立する。この場合の責任開始日（🔍 ❸—15頁参照）は，上述の約款によって，第１回保険料充当金の払込または告知の日となり，その日が保険契約成立の日となる。

　本問においては，第１回保険料相当額を支払った３月28日が責任開始日であり，契約成立の日となる。法人税法は債務確定基準を採用しているので，保険料支払債務の確定した３月28日に支払った，同日以後１年分の保険料については，支払った日の属する事業年度の損金の額に算入することができる（法基通2-2-14）。

ウ　割増保険料の取扱い

　他方，上述の約款によって契約の日が割増保険料の支払より前に設定されるということは，割増保険料について，３月31日の属する期において未払いで計上できるのではないかとの疑問も生じ得る。

　本問において具体的に検討すると，割増保険料の決定が４月５日であるから決算日すなわち３月31日において債務が確定しているとはいえないため，未払保険料として計上することはできない。また，３月31日現在において「支払った」わけではないので，短期前払費用に関する法人税基本通達2-2-14《短期の前払費用》の取扱いの適用もない。

　したがって，割増保険料は支払った日（４月10日）の属する事業年度において損金の額に算入することになる。

(3) まとめ

　保険契約においては，申込みから告知，保険料の支払，保険会社の承諾と，締結までに時間がかかる。さらに割増保険料の支払を要求された場合には，いつの時点で保険契約が成立したのか分かりにくい。決算間近で保険契約を締結する場合には，注意が必要である。

Q5　逆ハーフタックスプランの保険料

> 当社は，役員を被保険者とし，死亡保険金の受取人を法人，満期保険金の受取人を役員とする養老保険，いわゆる逆ハーフタックスプランに加入しています。この逆ハーフタックスプランの保険料は，法人税法上どのように取り扱ったらよいのでしょうか。

(1) 論　点
ここでの論点は，逆ハーフタックスプラン（🔍**6**―43頁参照）において支払った保険料について税務上どのように取り扱うべきかである。

(2) 解　説
ア　養老保険の取扱い

法人を契約者とし役員または従業員を被保険者とする養老保険に係る保険料の税務上の取扱いは，法人税基本通達9-3-4《養老保険に係る保険料》において，次のように死亡保険金と満期保険金（生存保険金）の受取人が誰であるかにより区分されている。

> (1) 死亡保険金及び満期保険金の受取人が法人である場合…全額資産計上
> (2) 死亡保険金及び満期保険金の受取人が，役員・従業員及びその遺族である場合…当該役員又は従業員に対する給与
> (3) 死亡保険金の受取人が被保険者の遺族で，満期保険金の受取人が法人である場合…2分の1を資産計上し，2分の1は保険料（福利厚生費）として損金算入。ただし，役員等特定の者のみを被保険者とする場合は当該者に対する給与

イ　逆ハーフタックスプランに関する規定

上記通達においては，逆ハーフタックスプランに係る支払保険料の税務上の取扱いについては示されていない。このような保険契約に係る支払保険料をどのように取り扱うべきかについては以前から議論されてきた。

ウ　実務上の取扱い

課税実務においては，逆ハーフタックスプランに係る支払保険料について，2分の1を保険料として損金の額に算入し，2分の1を被保険者である役員または従業員に対する給与として取り扱ってきたようである。

その根拠は，法人税基本通達9-3-4(3)の考え方の準用であると思われる。同通達において2分の1を保険料（損金算入）とし，2分の1を資産計上する根拠は次の表のように整理される。

法基通9-3-4(3)			
死亡保険金受取人	役員または従業員の遺族	福利厚生費としての側面	1/2は保険料（福利厚生費）として損金算入＊
満期保険金受取人	法人	貯蓄としての側面	1/2は資産計上

＊ただし，特定の者を対象にしている場合はその者に対する給与として取り扱われる。

これをもとに逆ハーフタックスプランに係る保険料の取扱いを考えると，次表のようになる。

逆ハーフタックスプラン			
死亡保険金受取人	法人	福利厚生費としての側面	1/2は保険料として損金算入
満期保険金受取人	役員または従業員	貯蓄としての側面	1/2は役員または従業員に対する給与

支払保険料のうち死亡保険金に係る部分すなわち危険保険料部分については，会社として役員または従業員の死亡に備えるものであるから，保険料（損金）として処理し，満期保険金に係る部分については，役員または従業員に対する利益の供与になるため，給与として処理すべきという考え方である。

(3) まとめ

逆ハーフタックスプランに係る支払保険料については，課税実務上その2分の1を保険料とし，2分の1を役員または従業員に対する給与として扱う解釈の余地もあるといわれてきたが，解釈論上問題のある契約であるとも指摘し得る。なお，管見するところ，現在では逆ハーフタックスを新規で募集している保険会社はないと思われる。

Q6　謝　絶

> 当社は3月決算法人です。当社は，3月20日に保険会社と契約を交わし，3月25日に告知をし，3月28日に1年分の保険料を支払いましたが，3月31日現在，保険会社の査定待ちです。
> 4月25日に保険会社から契約を受諾しない旨の通知を受けた場合，税務上どのように取り扱うべきでしょうか。

(1)　論　点

保険契約は加入者が申込みをした時点で成立するものではなく，保険会社の査定があり，保険会社がかかる保険契約に対して承諾をした時点で成立する。申込みから承諾までの期間は通常は数日であるが，ケースによっては数週間かかることもある。ここでの論点は，保険会社の査定中に決算期を迎え，その後，当該契約の申込みが謝絶された場合の取扱いについてである。

> ✍　承諾を拒絶することを一般に謝絶というが，謝絶とは保険法に定義のある用語ではない。

(2)　解　説

ア　保険会社による査定と謝絶

保険契約は諾成契約であり，非要式契約であるから，契約の締結には書式等は必要とされないはずであるが，一般的には保険会社が用意した保険契約の申込用紙に記入して申込みをすることが多い。加入希望者からの申込みの後，保険会社が承諾してはじめて契約は成立することになる。

ここで，保険会社は申込みを受けた場合に承諾するか否かの判断を自由に下すことができ，特段の理由なく承諾を拒絶することができる。保険業は公益的要素を有するとはいえ，保険者に対していわゆる締結強制がしかれているわけではないからである（山下ほか・保険法206頁）。

イ　謝絶の理由

保険契約の申込みがなされたとしても，保険会社において危険性が高いと判断された場合には保険会社が保険契約を引き受けないことがある。謝絶の理由には病歴・手術歴などの体況上（身体）の理由と，登山家・レーサーなど危険性の高い職業上の理由のほか，反社会勢力に属する人などコンプライアンス上

ウ　謝絶の効果

　保険契約の申込みがなされ，告知や保険料の支払がなされた後でも，申込みが保険会社によって謝絶された場合には，契約は不成立となる。両者には原状回復義務が生じ，加入希望者が保険会社に支払った保険料は返還されることになる。したがって，税務上は，保険契約はなかったものとして取り扱うことになる。保険契約の締結前に支払った保険料は損金の額に算入されない。

　この点，**Q4**で解説した割増保険料と取扱いが大きく異なるので注意が必要である。すなわち，割増保険料の支払を求められこれを支払った場合には，既に支払った保険料は損金とされるのに対し，謝絶された場合には，既に支払った金員は損金の額に算入できない。つまり，謝絶の場合には，支払った時点では保険料として損金の額に算入しておき，翌期に雑収入を計上するという処理は認められないということである。

(3)　まとめ

　保険の申込みに対して謝絶があった場合，契約は不成立であるため，支払った保険料は損金の額に算入されない。査定期間中に決算期を迎え，後に謝絶された場合には，損金の額に算入された保険料を申告書上修正することになるであろう。

　法人税の申告期限は原則として決算日の2か月後であり，契約申込みの有効期間は保険会社によって違うものの通常は60日であるため，決算日時点でかかる契約が査定中であったとしても，申告期限までには，承諾されたか謝絶されたかが明らかになっていると思われる。したがって，謝絶された場合には申告調整が必要となる。

10 基礎事例：保険金受取時の処理

Q7 法人が死亡保険金を受け取り，死亡退職金を支給した場合の課税関係

> 当社は，役員甲を被保険者，当社を受取人とする養老保険に加入していますが，甲が死亡して受け取った保険金を原資に甲の遺族に退職金を支給したいと考えています。この場合に，課税を受けないためには退職金の金額をどのように決定すればよいのでしょうか。

(1) 論 点

ここでの論点は次の3つである。
① 受け取った保険金の額と支払う退職金の金額の相関関係の有無。
② 益金計上の時期は死亡日か，あるいは保険請求をした時か。
③ 弔慰金などを支払った場合の課税関係はどうなるのか。

(2) 解 説

ア　法人税の課税関係

支払った退職金は不相当に高額なものを除き，原則として損金の額に算入される（法法34②，法令70二）。したがって，退職金が損金に算入されるためには，会社として受け取った保険金を満額退職金として支払う必要はなく，その何割を支払わなければならないということもない。あくまでも，その被保険者の会社における役職や功績等に応じて決定されることになる。損金算入時期は株主総会の決議の日か実際支給日のいずれか早い日になる（法基通9-2-28）。

次に，受け取った保険金の益金計上の時期が問題となる。益金計上の時期としては，以下の4つが考えられる。

①死亡日，②保険請求をした日，③保険会社から保険金の支払通知を受けた日，④保険金を受け取った日，である。

権利確定主義の下では益金計上の時期を考える上で，保険金を受け取る権利の確定はいつなのかが問題となる。理論的には，死亡日（①）とも考えられるが，

保険実務上，③の保険金の支払通知を受けた日に計上すべきと考える。ただし，益金計上の時期を明らかに遅らせるために，請求を意図的に遅らせた場合には，死亡日以降請求に要する期間の経過後に計上すべきとの考えもあり得よう。また，保険金を受け取った場合には，資産として積み立てていた保険料相当額は損金に計上されることになる（🔍死亡保険金の益金算入の時期については，**14 Q23**—113頁以下に詳しい解説がある。）。

死亡退職金を支給する際に，合わせて弔慰金を支給することがある。この場合には，相続税の基準（下記イ参照）とは関係なく，社会通念上相当な金額であれば，福利厚生費として損金算入できる。ただし，課税実務上は，以下に示す相続税法基本通達3-20《弔慰金の取扱い》によることになると思われる。

イ　相続税の課税関係

遺族が受け取った退職金は，みなし相続財産として相続税の課税価格に算入される（相法3①二）。このときに，法定相続人1人×500万円の非課税枠の適用がある（相法12①六）。保険金を受領するのは会社であって，遺族ではない。したがって，ここに示した非課税枠は遺族が受領した退職金としての非課税枠であって，保険金の非課税枠を意味するものではない。

また，被相続人の死亡により遺族が受け取る弔慰金，花輪代，葬祭料等については，退職金に該当すると認められるものを除き，次の金額まで500万円の非課税枠とは別に非課税の扱いとされている（相基通3-20）。

① 業務上の死亡である場合…被相続人の死亡当時の賞与以外の普通給与の3年分
② 業務上の死亡でない場合…①でいう普通給与の半年分

(3)　まとめ

受け取った保険金の金額と支払う退職金の金額に相関関係は必要ないと考えられる。退職金としての適正額は，その被保険者の会社における役職や功績等に応じて決定されることになる。また，益金計上の時期は，原則として，保険金の支払通知を受けた日となる。弔慰金も社会通念上の相当金額の範囲内であれば損金の額に算入し得る。

なお，相続税に関しても，受け取る退職金，弔慰金に一定の非課税枠がある。

Q8 法人が満期保険金を受け取り,分掌変更による退職金を支給した場合の課税関係

当社は,役員退職金の準備のため加入していた保険が満期になったので,社長が会長になり代表を退くことで退職金を支給しました。この場合に,法人税法上,退職金として損金計上できるのでしょうか。

(1) 論 点
ここでの論点は,分掌変更による退職金の損金算入に係る要件である。

(2) 解 説
ア 法人税の課税関係

法人が支払った退職金は不相当に高額なものを除き,損金の額に算入される(法法34②,法令70二)。損金算入の時期は株主総会の決議の日か実際支給日(法基通9-2-28)となる。

引き続き会社に在職する者に対して支給した金員は,原則として退職給与には該当しないのであるが,法人が役員の分掌変更または改選による再任等に際しその役員に対し退職給与として支給した給与については,その支給が,その分掌変更等によりその役員としての地位または職務の内容が激変し,実質的に退職したと同様の事情にあると認められることによるものである場合には,以下のとおり,これを退職給与として取り扱うことができる(法基通9-2-32)。

> (1) 常勤役員が非常勤役員(常時勤務していないものであっても代表権を有する者及び代表権は有しないが実質的にその法人の経営上主要な地位を占めていると認められる者を除く。)になったこと。
> (2) 取締役が監査役(監査役でありながら実質的にその法人の経営上主要な地位を占めていると認められる者及びその法人の株主等で令第71条第1項第5号《使用人兼務役員とされない役員》に掲げる要件の全てを満たしている者を除く。)になったこと。
> (3) 分掌変更等の後におけるその役員(その分掌変更等の後においてもその法人の経営上主要な地位を占めていると認められる者を除く。)の給与が激減(おおむね50%以上の減少)したこと。

なお,上記「退職給与として支給した給与」には,原則として,法人が未払

金等に計上した場合の当該未払金等の額は含まれないと解される。

イ　裁判例

満期保険金1億5,000万円の収入があった年度に役員に対して分掌変更による退職金5,560万円を支払った場合に，退職と同様の事情はないとして退職金としての損金性を否認した事例として，大阪高裁平成18年10月25日判決（税資256号順号10553）（第一審大阪地裁平成18年2月10日判決・税資256号順号10309）がある。この事例において，課税当局は，次のように，保険の満期金を受領したことが退職金の支給の動機になっている旨主張している。

> **第一審，課税当局の主張**
> 　原告が，本件事業年度において，乙および丙に対して退職金を支給することを決めた動機は，本件事業年度に団体生命保険の満期保険金等として既積立金を控除した9,498万5,373円の雑収入に計上されるため，多額の法人税を納付せざるを得なかったことにある。このことは，本件事業年度の末日に殊更に臨時株主総会を開催していること，臨時株主総会および取締役会の議事録に出席していない元従業員の押印がされていること，乙の報酬を上記のとおり操作していること〔筆者注，本件事業年度の期の途中で月額75万円から95万円に増額し，翌期の期首からは45万円にしている。〕，本件支払が株主総会及び取締役会の決議から1年も経過した後にされていることなどからも明らかである。

ウ　所得税の課税関係

退職金を受け取る個人側でも，法人税の課税関係とほぼ同様の取扱いがなされていて，退職所得として取り扱われることとなる。

① 引き続き勤務する者に支払われる給与で退職手当等とするもの（所基通30-2）

② 使用人から執行役員への就任に伴い退職手当等として支給される一時金（所基通30-2の2）

(3)　まとめ

分掌変更による退職金は，役員としての地位または職務の内容が激変し，実質的に退職したと同様の事情にあると認められることによるものである場合には，退職給与として取り扱われる。役員退職金の準備のため加入していた保険が満期になったことは，全く考慮されることはない。

Q9 保険金から支出した見舞金

当社は，役員および従業員を被保険者とする入院給付特約付き定期保険に加入していますが，先日，役員が急病で倒れ入院したため，当該保険契約に基づく入院給付金を受領しました。
当社としては，受領した入院給付金をそのまま見舞金として当該役員に支払うこととしていますが，この見舞金は税務上どのように取り扱われるのでしょうか。

(1) 論 点

ここでの論点は，保険契約に基づき法人が受領した入院給付金を見舞金として従業員等に支給した場合に，その支給した金額は福利厚生費として損金の額に算入することができるか否かである。

(2) 解 説

ア 入院給付金を受領した場合の取扱い

法人が入院給付特約付き保険契約を締結し，当該特約等に係る給付金を受領した場合，当該給付金は雑収入等として益金の額に算入することとなる。
なお，入院給付金の受取人を被保険者としている場合には，法人側では経理処理は発生しない。また，給付金を受領した従業員については，当該給付金は「心身に加えられた損害につき支払を受ける相当の見舞金」（所令30①三）に該当すると考えられるので，非課税として取り扱われる。

イ 見舞金を支給した場合の取扱い

法人が従業員等に支給する見舞金の税務上の問題を検討する場合には，収受した入院給付金とは切り離して考えることがポイントとなる。この点について，法人税基本通達9-3-6の2《傷害特約等に係る保険料》では，従業員等の全員を被保険者として傷害特約付の生命保険契約を締結し，その保険料を支払った場合には，その特約に係る保険料は福利厚生費に計上できる趣旨の取扱いが明らかにされている。そのことから，入院給付金を原資として見舞金を支給した場合には，本来従業員が受け取るべき入院給付金が会社を経由して支払われたのと実質的には変わらないので，その全額を福利厚生費としても構わないのではな

いかとの考えが生じ得る。

　しかし，見舞金が損金の額に算入されるか否かは，当該見舞金の額が社会通念上相当であるか否かにより判断されるのであり，見舞金の原資が保険契約に基づく入院給付金であるか否かによって左右されるものではない。

　例えば，所得税基本通達9-23《葬祭料，香典等》では，非課税所得として取り扱われる葬祭料，香典または災害等の見舞金について，その金額がその受贈者の社会的地位，贈与者との関係等に照らし社会通念上相当と認められるものとの見解が明らかにされている。

　一般的には，会社の慶弔規程等により支払うことになろうが，数万円から十数万円程度の水準で規定されているケースが多いように思われる。なお，裁決では，役員に対する見舞金として5万円が相当であるとの判断がなされたケースがあるが（国税不服審判所平成14年6月13日裁決・裁決事例集63号309頁（🔍 **7**—52頁参照）），この裁決の中で審判所が指摘しているとおり慶弔禍福に際し支払われる費用の額は，地域や法人の規模に影響されることから，上記裁決は参考にとどまり，必ずしもこれにとらわれる必要はないであろう。

　なお，慶弔規程等に，「保険金と同額を支給する」といった文言を入れ従業員等に周知していたとしても，税務上の判断はあくまでも社会通念上相当であるかどうかによりなされることになるので注意する必要がある。

(3) まとめ

　法人が従業員等に支給する見舞金を福利厚生費として損金算入できるか否かについては，社会通念上相当と認められる金額かどうかで判断し，保険契約に基づき法人が受領した入院給付金とは切り離して検討する必要がある。

Q10 逆ハーフタックスプランに係る満期保険金および解約返戻金

> 当社は，役員Aを被保険者とし，役員Aの死亡による保険金受取人を当社，満期保険金受取人を役員Aとする養老保険に法人契約として加入しています。
> この養老保険は，これまで支払保険料の2分の1は役員Aに対する給与とし，残りの2分の1は支払保険料として損金の額に算入していました。
> この契約が満期を迎えた場合，当社および役員Aの課税関係はどのようになりますか。また，仮に中途解約をする場合，保険会社から支払われる解約返戻金は税務上どのように取り扱われますか。

(1) 論点

ここでの論点は次のとおりである。
① 逆ハーフタックスプランに係る満期保険金を受領した役員Aの課税関係はどうなるか。
② 逆ハーフタックスプランに係る解約返戻金のうち，支払保険料を給与として経理処理していた部分に相当する金額の税務上の取扱いはどうなるか。

(2) 解説

ア 逆ハーフタックスプランの満期保険金に係る課税関係

逆ハーフタックスプランに係る満期保険金を役員Aが受領した場合には，当社の保険契約満了に伴う経理処理はない。

一方，役員Aが受領した保険金は一時所得となり課税の対象とされる（所法34, 所令183②一）。この場合，一時所得の金額の計算上，支払保険料のうち役員Aが給与課税された金額を，一時所得を得るために支出した金額として控除することとなる（所令183②二，④，所基通34-4，最高裁平成24年1月13日第二小法廷判決・民集66巻1号1頁）。

イ 逆ハーフタックスプランに係る解約返戻金の取扱い

逆ハーフタックスプランを中途解約し，解約返戻金を会社が受領した場合には，支払保険料の2分の1は役員Aに対する給与としていたことから，解約返戻金のうち当該給与に相当する部分の金額は役員Aに帰属しているのではない

かとの考えが生じる。

　しかしながら，逆ハーフタックスプランの支払保険料の２分の１を給与として取り扱うのは，法人を契約者とする保険契約にあっても，当該契約によって従業員等が利益を得る蓋然性が高いので，支払保険料の一定割合を従業員等にも負担させる必要があるからであると考えられる。つまり，従業員等に支払保険料の一部を給与課税するのは，法人と保険会社との間で締結された保険契約から得られる一定の経済的利益（本件の場合には，満期になって生存していれば保険金がもらえるという利益）が継続的に従業員等に及ぶからであって，積立保険料の一定割合を従業員等に帰属させたからではないと考えるのが相当と思われる。

　したがって，法人が保険期間終了までの間に保険契約を中途解約することにより，従業員等が満期保険金を得る可能性が消滅したとしても，解約返戻金の請求権はあくまでも法人にある以上，その全額を雑収入等として益金の額に算入することが相当と考えられる。

　一方，役員Ａには課税関係は生じない。

　なお，管見するところ現在では逆ハーフタックスプランを新規で募集している保険会社はないと思われる。

(3)　まとめ
　ア　逆ハーフタックスプランに係る満期保険金の取扱い
　逆パターン養老保険に基づく満期保険金を役員Ａが受領した場合，役員Ａの一時所得となるが，一時所得の金額の計算においては，給与課税された金額の合計額を控除して同所得の金額が計算される。

　一方，法人においては経理処理の必要はない。
　イ　逆ハーフタックスプランに係る解約返戻金の取扱い
　逆パターン養老保険契約を中途解約したことに伴い，解約返戻金を法人が受領した場合，その全額を益金の額に算入する。

　一方，役員Ａに課税関係は生じない。

Q11　逆ハーフタックスプランの解約返戻金の一部を本人に支払った場合

> 当社は，役員Aを被保険者とし，役員Aの死亡による保険金受取人を当社，満期保険金受取人を役員Aとする養老保険に加入しています。
> この養老保険について，これまで支払保険料の2分の1は役員Aに対する給与とし損金の額に算入し，残りの2分の1は支払保険料として損金の額に算入していました。
> このたび，この契約を中途解約することとしましたが，保険会社から支払われる解約返戻金のうち，保険料の支払時に役員Aに給与課税した部分に相当する金額は役員Aに支払うこととしています。この場合の課税関係はどのようになりますか。

(1) 論　点

ここでの論点は，逆ハーフタックスプランに係る解約返戻金のうち，支払保険料を給与として経理処理していた部分に相当する金額を役員Aに支払った場合の当社および役員Aの課税関係はどのようになるかである。

(2) 解　説

このケースのように，逆ハーフタックスプランの保険料の2分の1を給与として処理したことから，解約返戻金について，給与課税された金額に相当する金額を保険金受取人である従業員等に支給する（返還する）ことが考えられる。

Q10で説明したように，逆ハーフタックスプランを中途解約した場合にはその解約返戻金の全額が法人において収益計上されることで課税関係は終了する。役員Aに解約返戻金を原資とした金銭を支払うかどうかは法人の自由であり，仮に，役員Aに何らかの金銭を支給した場合には，新たな課税関係が生じるものとして取り扱われる。すなわち，役員Aにとっては，新たな給与課税が生じることになると同時に，法人については，役員給与として法人税法34条《役員給与の損金不算入》の規定に従うことになる。したがって，定期同額給与には該当せず，また，役員の職務執行の対価として事前に当局に届け出る事前確定届出給与にも該当しないと考えられるので，当該金額は損金の額には算入されないこととなる。

この点について，**Q10**で説明したとおり，満期保険金を役員Aが受領する場面においては，役員Aの一時所得の金額の計算上，支払保険料のうち役員Aに対して給与課税された金額が控除されることからすれば，解約返戻金の一部を法人が役員Aに支給した場合に，過去の給与課税を考慮せず，新たな給与課税が生じることに疑問を感じる向きもあろう。

　しかしながら，保険契約を中途解約することによる解約返戻金の請求権はあくまでも法人にあるのであって役員Aにあるわけではない。役員Aにとって，保険契約満了による満期保険金の請求権に基づく保険金の受領と，中途解約による満期保険金の請求権の消滅後における法人からの金銭の受領とでは，法的前提が全く異なっており，これを同列に扱うことはできないと思われる。

(3) まとめ

　逆ハーフタックスプランを中途解約したことに伴い受領する解約返戻金の一部を法人が役員Aに支払った場合には法人側では新たに役員給与を支払ったものとして取り扱われ，通常は損金不算入となる。また，役員Aにとっては，給与所得として課税（源泉所得税課税）されることとなる。

Q12 法人が定期保険に加入していて,役員の高度障害により役員の妻が高度障害保険金を受け取った場合の課税関係

> 当社は,役員または従業員を被保険者とし,受取人を被保険者またはその親族とする定期保険に加入していました。役員Aが業務上の事故により高度障害状態となったため,役員Aの妻が高度障害保険金を受け取りました。この場合の課税関係はどうなるのでしょうか。

(1) 論 点
ここでの論点は次の2つである。
① 役員Aの妻の受け取る高度障害保険金が高額な場合,法人側での課税関係が生じるか否か。
② 役員Aの妻が保険金を取得した場合の課税関係はどうなるか。

(2) 解 説
ア 高度障害保険金とは
高度障害保険金は,定期保険についての給付の1つで,被保険者が保険期間中に,両眼の視力を永久に失った場合,言語またはそしゃくの機能をまったく永久に失った場合などの高度障害の状態になったときに支払われる保険金である(保険約款に記載がある。)。

イ 法人税の課税関係
法人が役員を被保険者とする定期保険に加入していて,死亡保険金の受取人が役員の遺族となっていた場合には,保険料は特定の役員のみが被保険者になっている場合でない限り,支払保険料は福利厚生費として損金の額に算入される(法基通9-3-5)。この取扱いに準じて,高度障害保険金が被保険者の妻に直接支払われる場合でその保険金が高額であっても,法人側での課税関係は生じないと考えられる。

ウ 受け取る個人側の課税関係
原則的な取扱いとして,生命保険契約に基づく給付金で身体の傷害に基因して支払を受けるものは所得税法上非課税所得とされている(所法9①十七,所令30)。所得税基本通達でも,疾病により重度障害の状態になったことなどにより,

生命保険契約に基づき支払を受けるいわゆる高度障害保険金，高度障害給付金，入院費給付金等（一時金として受け取るもののほか，年金として受け取るものを含む。）は，所得税法施行令30条《非課税とされる保険金，損害賠償金等》1号に掲げる「身体の傷害に基因して支払を受けるもの」に該当するものとして（所基通9-21），所得税は非課税と扱われている。

では，高度障害保険金を被保険者の妻が取得した場合はどうなるのであろうか。そこでは，被保険者から妻への贈与という考え方がないわけではない。

しかしながら，課税実務では，「自己の身体の傷害に基因して支払を受けるものをいうのであるが，その支払を受ける者と身体に傷害を受けた者とが異なる場合であっても，その支払を受ける者がその身体に傷害を受けた者の配偶者若しくは直系血族又は生計を一にするその他の親族であるときは，当該保険金又は給付金についても同号の規定の適用があるものとする」として扱われており（所基通9-20），それに従えば，妻が高度障害保険金を受け取っても課税関係は生じないこととなる。そもそもこの保険金の非課税規定は，保険金という収入があるとしても，心身に加えられた傷害等を償うものとして支払われるものであり，自己以外の者が傷害を受けたものまで非課税にするとの考え方が妥当であるか否かについては議論のあるところではあるが（酒井・論点研究35頁），実務的に課税適状にないともいえ，配偶者など限定的な者である場合に限り非課税とするものである。

(3) まとめ

高度障害保険金が高額な場合でも，法人側での課税関係は原則として生じない。また，被保険者の妻が保険金を取得した場合も非課税となると解される。

Q13　法人契約の保険が満期になり，10年間の年金で受け取る場合の課税関係

> 当社では自己を契約者兼死亡（満期）保険金の受取人とし，従業員を被保険者とする年金払特約付養老保険に加入していました。この度，その保険が満期になり，今後10年間にわたり，年金を毎年100万円ずつ受け取ることになりました。この年金を受け取る際の課税関係はどうなるでしょうか。なお，仮に満期時の当該保険の資産計上額を800万円とします。

(1)　論　点

ここでの論点は次の2つである。
① 法人が，(i)そのまま年金で10年間受け取る場合，(ii)満期時に一括で受け取る場合，(iii)中途で残金を一括で受け取る場合のそれぞれの課税関係はどうなるか。
② 年金特約を満期日より前に約定していない場合の取扱いはどうなるか。

(2)　解　説

　原則として，10年間100万円ずつ受け取る権利が確定した満期時に，複利年金現価（900万円とする。）により法人の収益に計上する。その際には，資産計上額800万円が損金に計上されるため，利益金額は100万円である。
　しかしながら，収入保障保険および年金払特約付養老保険（法人受取契約）の税務上の取扱いについて，一般的には，年金の受取りの都度，益金に計上しても差し支えないと取り扱われている。ただし，年金支払開始時や年金支払開始後に年金の全部または一部を一括して受け取った場合には，全額益金計上することとされている。
　なお，支払事由発生前から年金で支払う旨を約定していない場合には，年金支払事由発生時あるいは発生後に年金払いを選択した場合には，原則どおりの取扱いとなる。

〈原則〉
① 満期時の仕訳
　（借方）　現金　　　　100万円　　　（貸方）　保険積立金　800万円
　　　　　　未収入金　　800万円　　　　　　　　雑収入　　　100万円
② 2回目の受取時の仕訳
　（借方）　現金　　　　100万円　　　（貸方）　未収入金　　98万円（複利年金現価0.98）
　　　　　　　　　　　　　　　　　　　　　　　雑収入　　　2万円

〈特例〉
(i) 毎年年金を100万円ずつ10年間受け取る場合の毎年の受取時の仕訳
　（借方）　現金　　　　100万円　　　（貸方）　保険積立金　80万円
　　　　　　　　　　　　　　　　　　　　　　　雑収入　　　20万円
(ii) 年金支払開始時に一括で900万円受け取る場合の受取時の仕訳
　（借方）　現金　　　　900万円　　　（貸方）　保険積立金　800万円
　　　　　　　　　　　　　　　　　　　　　　　雑収入　　　100万円
(iii) 毎年年金を100万円ずつ5年間受け取り，6年目に残金を一括で475万円受け取る場合
　・1〜5年の受取時の仕訳
　（借方）　現金　　　　100万円　　　（貸方）　保険積立金　80万円
　　　　　　　　　　　　　　　　　　　　　　　雑収入　　　20万円
　・6年目の受取時の仕訳
　（借方）　現金　　　　475万円　　　（貸方）　保険積立金　400万円
　　　　　　　　　　　　　　　　　　　　　　　雑収入　　　75万円

(3) まとめ

　満期時に受取年金額の金額を収益計上するのが原則であるが，実務上，年金を受け取るごとに益金の額に算入することも認められているようである。

11　基礎事例：保険契約を変更した場合の処理

Q14　法人から法人への契約者変更

> 当社は，役員の退職金を準備するため，役員を被保険者とする生命保険に加入しています。この度，被保険者である役員がグループ企業に転籍することになったため，生命保険契約の名義をグループ企業に変更しようと考えています。
> この場合の課税関係，経理処理はどのように取り扱うべきでしょうか。

(1)　論　点

法人間で保険契約の引継ぎがあった場合，適正な価額での引継ぎであれば税務上の問題はないが，引継ぎの価額が適正な金額とはいえない金額（無償の場合を含む。）であった場合に課税上の問題が生ずる。

ここでの論点は，適正な金額でない金額での引継ぎがあった場合，寄附金（法法37⑦⑧）および受贈益（法法25の2②③）として取り扱われるか否かである。

(2)　解　説

ア　生命保険契約の時価

法人間の取引に当たって適正な金額とは，「当該金銭の額若しくは金銭以外の資産のその贈与の時における価額又は当該経済的な利益のその供与の時における価額」（法法37⑦）であり，一般的にこれは時価を指すものと考えられる。

本件事例に即してみると，ここでの時価とは，見解の対立はあり得ようが，解約返戻金相当額（積立配当金額を含む。）と考えることができる。その理由は，保険契約者の有する権利は，解約権，解約返戻金受領権，契約変更権，保険証券受領権等であるが，このうち解約返戻金受領権以外はその価値を金銭で測定することが困難であることから，保険契約の契約者変更時点における価額に相当するものは，解約返戻金相当額（積立配当金額を含む。）と考えるのが適当であるとの考えによる。

イ 法人間の契約者変更の取扱い

　法人間において資産の譲渡があった場合で，取引額と時価との間に開差が生じたときには，かかる開差に相当する経済的利益の移転があったものとして取り扱われる。例えば，時価よりも高い金額で譲渡した場合には，受贈益，寄附金の問題が生ずる。これを表にまとめると次のようになる。

	譲渡側	譲受側
時価	課税上の問題なし	課税上の問題なし
時価を上回る価額	差額は受贈益（雑収入）の問題になる	差額は寄附金の問題になる
時価を下回る価額（無償の場合を含む。）	経済的利益を供与したものとして寄附金の問題になる	差額は受贈益（雑収入）の問題になる

ウ グループ法人税制が適用される場合の取扱い

　平成22年度税制改正により，グループ法人税制が導入され，100％グループ内の法人間の取引については，課税が繰り延べられることとなった。同税制との関連で問題になるのは，完全支配関係法人間の寄附および受贈益の損金ならびに益金不算入措置である。

　上述イのとおり，適正額を上回る金額，下回る金額，あるいは無償で保険契約者を変更した場合には，寄附金あるいは受贈益が発生することになるが，完全支配関係がある内国法人間においては，寄附金について支出側の法人では損金不算入とされ（法法37②），また寄附を受けた側の法人についても，受贈益の額は益金不算入とされる（法法25の2①）。

(3) まとめ

　法人間で保険契約を譲渡する際，適正額，すなわち解約返戻金相当額（積立配当金額を含む。）合計額で取引しなかった場合には，上記のように課税関係が生ずることとなる。

Q15　法人契約の保険を個人に契約者変更を行った場合の課税関係

> 当社が契約をしていた低解約返戻金型逓増定期保険を，被保険者である社長に契約者変更を行いたいと考えています。この場合の保険の買取金額はどのように決めたらよいのでしょうか。

(1)　論　点
ここでの論点は次の2つである。
① 保険の買取代金はどのように決定されるべきか。
② 低解約返戻金期間中に解約をした場合も同様に考えるべきか。

(2)　解　説
保険契約を前提とすると時価とは，**Q14**で述べたように，解約返戻金相当額（積立配当金額を含む。）と考えられる。

このことは，所得税基本通達36-37《保険契約等に関する権利の評価》で，「使用者が役員又は使用人に対して支給する生命保険契約若しくは損害保険契約又はこれらに類する共済契約に関する権利については，その支給時において当該契約を解除したとした場合に支払われることとなる解約返戻金の額（解約返戻金の

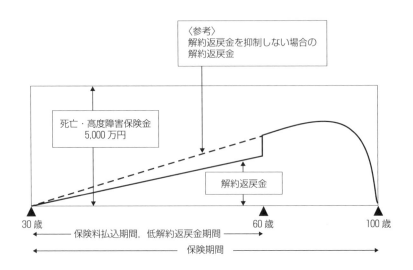

ほかに支払われることとなる前納保険料の金額，剰余金の分配額等がある場合には，これらの金額との合計額）により評価する。」とあることから，所得税の課税実務においても明らかである。

しかしながら，低解約返戻金型逓増定期保険を低解約返戻金期間中に解約をした場合には，上記と同様に考えるべきではないと思われる。

低解約返戻金型逓増定期保険とは，低解約返戻金期間（解約返戻金を抑制する期間をいい，契約から3から5年が多い。）中の解約返戻金を抑制して，保険料を割安とする保険である。

このような商品についても，上記通達のとおり，解約返戻金で時価評価をしてよいのかについては疑問が残る。通達はセーフハーバーであろうか（この問題については，🔍17─138頁参照）。低解約返戻金期間中に低い価額で買い取りをして，通常の返戻金になったときに解約返戻金を手にすると，その差額の経済的利益の課税をどこで行うべきかという議論も出てこよう。すなわち，解約をしたときに，取得金額と解約金額の差額を課税するのではなく，取得時に適正な時価を算出するべきという考えもある。こういった取引に税務リスクがあるとの報道もある。

かような取引は，同族会社で行われることが多く，場合によっては所得税法の同族会社等の行為計算否認規定（所法157）の発動もあり得よう。

(3) まとめ

保険の買取代金は，原則的には解約返戻金相当額（積立配当金額を含む。）と考えられるが，低解約返戻金型逓増定期保険を低解約返戻金期間中に解約をした場合には，課税リスクがあるということも念頭におくべきであろう。

Q16 保険金額を減額した場合

> 当社は、被保険者を役員および従業員とし、死亡保険金受取人を被保険者の遺族、満期保険金受取人を会社とする養老保険に加入していますが、資金繰りの都合等から保険金額をこれまでの1,000万円から500万円に減額することを予定しています。
> 保険金の減額に伴い保険会社から支払われる解約返戻金は、資産計上していた保険積立金の取崩しに充てることはできるのでしょうか。

(1) 論 点
ここでの論点は、解約返戻金の全額を保険積立金の取崩しに充当することができるか否かという点である。

(2) 解 説
ア 解約返戻金を保険積立金の取崩しに充当することの適否について
保険金の一部減額は、保険契約の一部解約として取り扱われる。したがって、減額部分に相当する解約返戻金が保険契約者である法人に対して支払われることになる。

ところで、養老保険の支払保険料は、死亡保険金の受取人が従業員等の遺族で、生存保険金の受取が法人である場合、原則として2分の1を積立保険料に該当するとして資産計上、残りの2分の1を危険保険料に該当するとして期間費用として損金算入することとされている（法基通9-3-4(3)）。

保険金額の一部減額は、満期保険金と死亡保険金の双方が一定の減額割合に応じて減額される。そして、減額された保険金は、その保険金額の割合に応じて危険保険金と積立保険金が解約返戻金として支払われることになる。

このことからすると、解約返戻金には、過去に支払われた危険保険料部分と積立保険料部分の双方が混ざり合っているとみるべきである。したがって、解約返戻金の全額を保険積立金の取崩しに充てる処理には合理性がなく認められないものと思われる。

イ 解約返戻金の合理的な処理方法について
保険金の一部減額による解約返戻金の処理については、税務上どのような方

法によるべきかが特に明らかにはされていない。実務では，次のような方法がとられていると思われる（エヌエヌ生命＝新日本保険新聞社・ハンドブック19頁）。

> （例）現在加入している保険の保険金を2分の1に減額した場合
>   保険積立金（資産計上額）を1,000万円，解約返戻金を400万円であるとすると次の仕訳により経理処理する。
>   （借方）　現金預金　　400万円　　（貸方）保険積立金　　500万円
>   　　雑損失　　　100万円

　この方法は，保険金額を2分の1に減額したので，残りの2分の1を解約したとして取り扱うものである。この場合の保険積立金の取崩額は次のように計算される。

$$\text{保険積立金の取崩額} = \frac{\text{減額部分の保険金額}}{\text{減額前の保険金額}}$$

　本件の場合は，1,000万円×1/2＝500万円

　受け取った解約返戻金は益金の額に算入し，取り崩した保険積立金との差額を雑損失（または雑収入）として計上することになる。

　このような方法は保険金の減額割合に応じて保険積立金を取り崩すものであり，合理的な経理処理の1つであると思われる。

(3) まとめ

　死亡保険金の受取人を従業員等の遺族とし，満期保険金の受取人を法人とする養老保険について，保険金額を減額することにより解約返戻金の支払を受けた場合には，その全額を保険積立金の取崩に充てることは認められないと思われる。したがって，減額割合に応じて保険積立金を取り崩すなど合理的な方法により経理処理する必要がある。

Q17　保険期間を延長した場合

> 当社は，従業員の退職金等を準備するため，被保険者を役員および従業員とし，満期保険金の受取人を当社，死亡保険金の受取人を被保険者の遺族とする養老保険に加入していますが，資金繰り等の関係から保険期間を延長しました。
> 保険期間の延長の際，保険会社から一定の責任準備金が支払われましたが，この払戻金の経理処理はどのようになりますか。

(1)　論　点

ここでの論点は，支払保険料の2分の1を資産計上している保険契約において，保険期間の延長に伴い収受する払戻金の合理的な経理処理はどのようになるかである。

(2)　解　説

養老保険の場合，保険金額が同じであれば，保険期間が長いと保険料は安くなり，保険期間が短いと相対的に保険料は高くなる関係にある（保険料の一例）。したがって，保険期間を延長すると責任準備金の減額が生じ，一定の払戻金が保険契約者に支払われることになる。

この払戻金は，「実際にこれまで支払われた保険料の合計額」から，「当初より変更後の保険期間であったならばこれまで払込みが必要とされたであろう保険料の合計額」との差額として理解することが可能である。したがって，払戻金をいままで支払った保険料の一部返還と考え，次のような経理処理をすることが考えられる。

```
（借方）　現金預金(注1)　　×××　　（貸方）　保険積立金(注2)　×××
                                              雑収入　　　　　×××
　（注1）解約返戻金
　（注2）変更前の保険料積立金－変更後の保険料×1/2×経過期間
```

以上の処理を具体的な事例を用いて示すと次のようになろう。

> （例）加入から7年経過した以下の養老保険契約の保険期間を延長する。
> 各被保険者の保険金額　500万円
> 当初の保険期間　　　10年間
> 変更後の保険期間　　15年間
> 年払保険料（20名分合計）1,000万円
> 保険期間延長後の年払保険料　666万円
> 変更時点（7年目）までの資産計上額　3,500万円（1,000万円×1/2×7年）
> 保険期間延長により払い戻される金額　2,300万円
> （借方）現金預金　2,300万円　　（貸方）　保険積立金　1,169万円（注）
> 　　　　　　　　　　　　　　　　　　　　雑収入　　　1,131万円
> 　（注）3,500万円－(666万円×1/2×7年間)＝1,169万円

　この経理処理は，契約当初から延長後の保険期間であった場合に払い込まれたであろう保険料を基に，そうであったならば資産計上されていたと仮定した場合の保険積立金を計算し，実際の資産計上額との差額を取り崩す方法である。

　この方法は，延長後の保険期間に係る保険契約において本来積み立てられるべき資産計上額に合わせる方法であるといえ，合理的な経理処理の1つであると考えられる。

(3) まとめ

　保険会社からの払戻金については，延長後の保険期間に係る保険契約において本来積み立てられるべき資産計上額を計算し，その金額を超える保険積立金を取り崩す等，合理的な方法により経理処理する。

保険期間の長短による保険料の違い（養老保険の場合）

（単位：円）

被保険者の年齢	40歳		50歳	
保険期間	男性	女性	男性	女性
10年間	499,910	497,880	508,670	502,060
15年間	329,170	326,515	340,245	331,375
20年間	247,755	244,135	261,595	250,015
25年間	198,200	193,345	215,490	200,800
30年間	166,730	160,180	188,595	170,235

☞　上記はエヌエヌ生命保険株式会社の保険料（平成28年11月時点）を記載した。保険料は年払，保険料払込期間は保険期間と同一である。

Q18　保険期間を短縮した場合

> 当社は，従業員の退職金等の準備するため，被保険者を役員および従業員とし，満期保険金の受取人を当社，死亡保険金の受取人を被保険者の遺族とする養老保険に加入していますが，資金繰り等の関係から保険期間を短縮しました。
> 保険期間の短縮の際，改定後の支払保険料のほかに，一定の額の責任準備金を保険会社に支払いましたが，この追加払込額の経理処理はどのようになりますか。

(1) 論　点

ここでの論点は，支払保険料の2分の1を資産計上している保険契約において，保険期間の短縮に伴い払い込むこととなる金額の合理的な経理処理はどのようなものが考えられるかである。

(2) 解　説

養老保険の場合，保険金額が同じであれば，保険期間が長いと相対的に保険料は安くなり，保険期間が短いと相対的に保険料は高くなる関係にある。したがって，保険期間を短縮すると責任準備金の不足が生じ，その分の補てん額を払い込まなくてはならなくなる。

この払込金は，当初より変更後の保険期間であったならば払込みが必要とされた保険料の合計額から，実際にこれまで支払われた保険料の合計額との差額として理解することができる。したがって，払込金をいままで支払った保険料の不足額の追加払いと考え，支払保険料に係る税務上の取扱い（法基通9-3-4(3)）を適用して次のような経理処理をすることが考えられる。

```
（借方）　保険積立金(注1)　　×××　　（貸方）　現金預金(注2)　×××
　　　　　福利厚生費　　　　×××
　　（注1）払込額×1/2　（注2）払込額
```

以上の処理を具体的な事例を用いて示すと次のようになろう。

> （例）加入から7年経過した以下の養老保険契約の保険金を短縮する。
> 各被保険者の保険金額　500万円
> 当初の保険期間　15年間，変更後の保険期間　10年間
> 年払保険料（20名分合計）　666万円
> 保険期間短縮後の年払保険料　1,000万円
> 変更時点（7年目）までの資産計上額　2,331万円（666万円×1/2×7年）
> 保険期間短縮による追加払込額　2,300万円
> （借方）保険積立金　1,150万円(注)　　（貸方）現金預金　2,300万円
> 　　　　福利厚生費　1,150万円
> 　（注）2,300万円×1/2＝1,150万円

また，保険期間を延長した場合の取扱い（Q17）と平仄を合わせ，次のような経理処理をすることも考えられる。

> （借方）　保険積立金　1,169万円(注)　　（貸方）　現金預金　2,300万円
> 　　　　　福利厚生費　1,131万円
> 　（注）（1,000万円×1/2×7年間）－2,331万円＝1,169万円

この2つの仕訳例は，いずれも短縮した保険期間に係る保険契約において本来積み立てられるべき資産計上額に合わせる方法であるといえ，合理的な経理処理であると考えられる。

なお，保険期間を短縮する場合には，追加払込みが生じることから短縮する理由を明らかにしておくとともに，保険加入の目的や付保されている条件等が福利厚生目的であるかどうかなど，その合理性を再度検討しておく必要があると思われる。

(3) まとめ

保険会社に支払う払込金については，短縮後の契約において積み立てられるべき資産計上額に合わせる方法等の合理的な方法により経理処理する。なお，短縮の理由を明らかにしておくとともに福利厚生目的としての合理性を再度見直しておくことも重要である。なお，このケースにおける追加払いの金額については，翌期以後の役務提供に対する費用に該当する余地もあり得る（18－151頁参照）。

12　基礎事例：その他

Q19　失　効

当社では，役員を被保険者，当社を保険金受取人とする生命保険に加入していますが，資金繰りの都合により保険料を支払うことができなくなったため，保険会社より失効した旨の通知が届きました。
失効の時点では，どのように税務処理をするべきでしょうか。

(1)　論　点

ここでの論点は，保険契約が失効した時点で，解約した場合と同様に，解約返戻金を認識し，資産計上している保険積立金との差益，差損を計上しなくてはならないのかという点である。

(2)　解　説

ア　失効の意義

継続保険料の支払が遅延している場合，民法の一般原則に基づくと，保険会社は契約者に支払の催告をし，その上で履行がないときは解除の意思表示を行い，解除することになるはずであるが，生命保険契約においては，約款でこのような民法の一般原則とは異なる特約をするのが常である。すなわち，これは払込期月までに継続保険料の支払がない場合でも，払込期月の翌月末ないし翌々月末日までは猶予期間があることが特約され，この猶予期間内に払込みがないときは猶予期間末日の翌日に保険契約は失効する旨の特約である（山下ほか・保険法341頁）。

失効により契約関係は消滅することになり，失効期間中に保険事故が発生しても保険金の支払は行われない。しかしながら，失効した契約であっても復活（🔍 **3**—19頁参照）可能な所定の期間（以下「復活可能期間」という。）内に未払保険料を払い込み，一定の手続をとることによってその契約は復活することができる（榊原・保険税務545頁。復活については，🔍 **Q20**も参照）。

イ　解約返戻金の支払

　上述のとおり，失効した契約であっても，復活することができるため，解約とは異なり，失効の時点では解約返戻金は支払われない。他面，失効した契約であっても解約の手続をすることができ，その時点で解約返戻金は支払われる。

　また，復活の手続をとらずに復活可能期間が経過した場合には，復活することはできなくなるものの，解約は可能であり，解約返戻金が支払われる。

　ウ　失効した場合の取扱い

　以上見てきたとおり，失効は解約とは異なり，失効の時点では解約返戻金の支払は確定しない。また，復活可能期間は，契約者の選択により復活が可能な猶予期間であるといえる。

　したがって，失効の時点では，解約返戻金を認識して，資産計上している保険積立金との差益，差損を計上することはできない。

　しかし，復活手続をとらないまま復活可能期間を経過した場合には，解約返戻金の受領が確定したものとして，資産計上している保険積立金との差益，差損を計上することになる。

(3)　まとめ

　保険契約が失効した場合，その時点で解約返戻金の支払が確定するわけではないため，失効時点での税務処理は必要ない。

　なお，解約返戻金の額は失効の時点で確定することに注意が必要である。このことを利用すると，契約締結後の経過年数によって大きく解約返戻率が異なる保険契約において，最も有利な解約返戻率の時点で失効させ，復活可能期間中の任意の時点で解約することが可能になる。

　収益計上時期についての操作性を問題視すべきではないかとの疑義もあるが，そもそも解約はいつでも行うことができることを併せ考えると，この点について特段問題視する必要はなかろう。

Q20　復活保険料の処理

当社では，契約者および死亡保険金受取人を自社，被保険者を役員とする生命保険に加入していますが，資金繰りの都合で保険料を支払うことができなくなり，契約が失効してしまいました。
最近になって業績が回復したので，この契約を復活させようと考えていますが，復活保険料についてはどのように税務処理すべきでしょうか。

(1) 論　点
ここでの論点は次のとおりである。
① 失効期間中に対応する保険料相当額はどのように取り扱うべきか。
② 復活時に前払いした保険料について，法人税基本通達2-2-14（短期の前払費用）に定める短期前払費用の適用があるか。

(2) 解　説
ア　復活の意義
Q19で解説したとおり，継続保険料を支払期月までに支払わなかった場合で，支払猶予期間中にも支払がなかった場合には，当該保険契約は失効するが，復活可能期間中に未払の保険料を払い込み，所定の手続をとることにより，復活させることが可能である。
復活の手続がとられることによって，従前の契約がはじめからその効力を失わなかったものとして保険契約が継続することになる（🔍**3**—19頁参照）。

イ　失効期間中の保険料相当額の取扱い
失効している保険契約を復活させるためには，失効期間中の保険料相当額を支払う必要があるが，失効期間中は，「保険事故が発生した場合に保険金を支払う」という保険サービスの提供がない。したがって，復活時において失効期間中の保険料相当額を支払ったとしても，それは保険サービスの対価ということはできない。
しかしながら，諸々の事情を勘案した上で，当該保険契約を解約するよりも復活させる方が有利であると判断して復活に至ったものと考えられることから，失効期間中の保険料相当額については，当該保険契約の維持のために必要な費

用として，損金の額に算入されるものと思われる。

ウ 復活時に前払いした保険料と短期前払費用の取扱い

失効した契約を復活させる際には，イで述べたとおり，失効期間中，すなわち過去の保険料を精算する必要があるが，加えて今後の保険料を前払いする必要がある。ここで，復活時に復活から1年以内の保険料を前払いした場合，法人税基本通達2-2-14《短期の前払費用》の適用を受け，支払った日の属する事業年度の損金の額に算入することができるかという問題がある。なぜ問題になるかというと，同通達には「その支払った額に相当する金額を継続してその支払った日の属する事業年度の損金の額に算入しているときは，これを認める」と示されており，いったん失効し，期間をおいて復活した保険料の支払が，「継続して」という要件を満たすかが問題になるからである。

この点，同通達の取扱いと継続性について，「本通達における前払費用は，もともと継続的に役務の提供を受けるために支出した費用を前提としているものであるが，費用の支出そのものが反復継続していることを要するかという点については，必ずしも本通達の適用要件とされているわけではないと考えられる。」との見解がある（小原・法基通逐条解説207頁）。なお，同通達については批判もある（🔍18—151頁参照）。

したがって，復活時に支払った，復活から1年以内の前払保険料についても，同通達を適用することは可能であると解される。

(3) まとめ

以上のとおり，①復活時に支払った失効期間中の保険料相当額については損金算入が認められ，②復活時に前払いした保険料については法人税基本通達2-2-14《短期の前払費用》の短期前払費用の取扱いによることとなるが，②について，「この取扱いを悪用し，支払ベースにより一括損金算入することによって利益の繰延べ等を図ることがおよそ認められないことはいうまでもない。」（小原・法基通逐条解説207頁）との見解もあるので，注意が必要である。

Q21　会社が保険金を受け取った場合の株価の計算

　父が経営する会社が契約していた保険の満期保険金や死亡保険金を同社が受け取った場合，父の保有する同社の株価への影響および税務処理はどのようになりますか。

(1)　論　点
ここでの論点は次の３つである。
① 　当社の株式を所有していた場合には，その相続税の株価の計算における純資産価額上，受取保険金をどのように計上すべきであるか。
② 　保険金の受取りに合わせて退職金をその役員の遺族に支払ったときにどのような計上をするのか。
③ 　類似業種比準価額の計算上，「１株当たりの利益金額」において，満期・死亡保険金は，非経常的な利益の金額とされるのか。

(2)　解　説
ア　保険金が満期（解約）になった場合
　類似業種比準価額の計算上，評価会社の「１株当たりの利益金額」は，直前期末以前１年間における法人税の課税所得金額となるが，保険差益等の「非経常的な利益の金額」を除くとされる(評基通183(2))。では，満期保険金等は，非経常的な利益の金額となるのかが問題となる。原則として，非経常的な利益の金額とされると考えられるが，従業員が多くて，毎期解約や満期が継続している場合にどう考えるかという問題がある。もっとも，保険を解約したり保険が満期になるということは，経常的にあることではなく，非経常的な利益の金額とされると考えられる。
　保険が満期になった場合，役員に退職金が支払われることがある。この退職金は非経常的な損失となり，非経常的な利益の金額は，非経常的な損失を控除した金額（負数の場合はゼロ）とされる（平成２年12月27日付け個別通達「相続税及び贈与税における取引相場のない株式等の評価明細書の様式及び記載方法等について」別紙１「取引相場のない株式（出資）の評価明細書の記載方法等」）ので，保険金の受取りによる利益から退職金の金額を控除したものが非経常的な利益の金額となる。　い

ずれにしても、類似業種比準価額の株価計算は、課税時期の直前期以前のものを使用するため、影響が出るのは、保険が満期になった翌事業年度からである。

イ 死亡保険金を受け取った場合

死亡保険金を受け取った場合の類似業種比準価額への影響は、上記アと同様であるが、「非経常的な利益」に必ず該当する点が異なる。被保険者たる役員が会社の株式を所有していた場合に、その相続税の株価の計算における純資産価額上、受取保険金をどのように計上すべきか、また、保険金の受取りに合わせて退職金をその役員の遺族に支払ったときにどのような計上をするのか。

純資産価額を計算するときは課税時期の直前期の決算により評価することが通例であるが、その場合であっても被保険者の死亡と同時に会社には生命保険金請求権が発生するので、保険請求権を資産の部に計上する。その際、資産に計上されていた当該被保険者に係る保険積立金相当額はゼロとする。次に、遺族に支払われる死亡退職金を負債の部に計上し、保険金請求権の額から保険積立金相当額および死亡退職金の額を控除した残額(「保険差益」という。)に対する「法人税相当額(保険差益の37%)」も負債の部に計上する(評基通186-2)。

具体的な金額(死亡保険金1億円、保険積立金2,000万円、死亡退職金6,000万円)で説明すると、株価計算証明書第5表は次のようになる。

第5表 1株当たりの純資産価額(相続税評価額)の計算明細書

(単位:千円)

資産の部			負債の部		
科目	相続税評価額	帳簿価額	科目	相続税評価額	帳簿価額
保険金請求権	100,000	100,000	未払退職金	60,000	60,000
保険積立金	0	0	保険差益に対する法人税等	7,400(注)	7,400

(注) (100,000−60,000−20,000)×37%=7,400
　　　ただし、欠損金などにより当該会社の保険差益に対する課税が見込まれない場合には、法人税相当額を控除しない。

(3) まとめ

類似業種比準方式では非経常的な利益の金額とされ、役員退職金を支給した場合には、それを控除した金額が非経常的な利益の金額となる。純資産価額方式では、保険金請求権、死亡退職金、保険差益に対する法人税相当額を計上する。

13　応用事例：支払保険料と未払金

Q22　支払保険料と未払金

> 当社は，役員を被保険者とする生命保険に加入しています。今回，資金繰りの関係から，保険料の支払を来期に遅らせようと考えています。
> このような場合，未払いになった保険料を未払金に計上することによって，当期の損金の額に算入することはできるのでしょうか。
> ・生命保険契約の種類　定期保険
> ・契約者・死亡保険金受取人　当社
> ・被保険者　役員
> ・年払保険料　120万円（全額損金）
> ・生命保険の契約応当日　3月15日
> ・当社の決算　3月31日

(1)　論　点

　法人税法上，法人の各事業年度における損金の額は，別段の定めがあるものを除き，各事業年度の原価の額，販売費および一般管理費等の費用の額および損失の額とされている（法法22③）。このうち，販売費および一般管理費等については「償却費以外の費用で，当該事業年度終了の日までに債務が確定しないものを除く。」こととされており，いわゆる債務確定基準が採られている（酒井・プログレッシブⅡ77頁）。

　生命保険契約に係る支払保険料についての法人税法上の取扱いは，法人税基本通達9-3-4《養老保険に係る保険料》等において具体的に明らかにされているが，いずれの取扱いも保険料を支払ったことを前提としており，支払期日に支払われなかったため，未払金に計上された保険料について，これを当期の損金の額として認められるかについては通達では必ずしも明らかにされていない。

　設問は，未払金に計上する保険料が法人税法上当期の損金の額に算入することができるかを問うものであるが，この問いに答えるためには，生命保険契約

に係る支払保険料が法人税法上どの時点で損金の額として確定するのかという「債務確定の時期」に対しての見解を明らかにする必要がある。

ア　A　説

保険料の支払時点で債務が確定する。なぜなら，支払期日までに保険料が支払われなければ，その後その保険契約が失効するだけであり，未払いとなっている保険料が強制的に徴収されることがないため，所定の支払期日が到来したとしても，そのことをもって「債務が確定した」とはいえないからである。したがって，貴社の当期の決算上，未払いとなっている保険料について未払金を計上することはできない。

イ　B　説

支払期日が過ぎても払込猶予期間中は保険契約が有効であり，仮にこの期間中に保険事故が起きれば保険金が支払われることからすれば，少なくとも払込猶予期間終了時までは期間経過に応じて危険負担の対価としての保険料債務が確定していくものと認められる。したがって，貴社の期末時点で保険契約が払込み期間中であるなど，その契約が有効に継続している限り，支払期日から期末までの期間に相当する保険料の金額を未払計上することになる。仮に，保険料の支払期日が3月15日であるとすると，以下の計算により算定された未払金額を計上することになる。

120万円×（3月15日〜3月31日）16日／365日＝52,602円

ウ　C　説

年1回の保険料を支払うことで少なくとも向こう1年間の保険契約の継続が可能となることからすれば，保険料の支払は，保険契約者としての地位を維持するための対価であると認められ，支払期日が到来する時点で当該支払金額の債務が確定するものとして取り扱うのが相当である。したがって，仮に支払期日が3月末日であるとすると，未払保険料の全額（120万円）を未払金として計上することができる。

(2) 解　説
ア　生命保険料の意義および支払が滞った場合の支払猶予期間・失効に関する取扱い
(ア)　生命保険料の意義

　保険契約とは，当事者の一方が一定の事由が生じたことを条件として財産上の給付（保険給付）を行うことを約し，相手方がこれに対して当該一定の事由の発生の可能性に応じたものとして保険料を支払うことを約する契約をいう（保険２一）。そして，保険契約の当事者のうち，保険給付を行う義務を負う者を「保険者」といい，保険料を支払う義務を負う者を「保険契約者」という（保険２二，三）。また，保険契約のうち，保険者が人の生存または死亡に関し一定の保険給付を行うことを約するものを生命保険契約という（保険２八）。

　これらの規定からすると，生命保険契約に係る保険料とは，生命保険契約に基づき，保険契約者が人の生存または死亡といった保険事故の発生の可能性に応じて保険者に支払うものと定義することができる。つまり，保険者が負う危険負担（リスク）の対価として保険契約者が支払うものが保険料である。

　なお，保険契約者が負う保険料の支払義務は，「一般には裁判による履行強制が可能であると考えられるが，実際には，保険契約者が任意に契約を解除でき（保険54），約款においても，通常，保険契約者の任意解除権が認められ，第２回目以降の保険料が支払われないときは，保険契約が失効する旨も定められていることから，保険者が保険料支払義務の履行を訴求しようとしてもほとんど実行性がない。その意味では，保険契約者の保険料支払義務は事実上自己義務化している」とされている（山下ほか・保険法270頁）。

　また，保険契約は上述の定義からすれば諾成契約であり，加入者の申込みと保険会社の承諾があれば契約が成立する（民526）ことになるので，成立後は保険事故が発生すれば，保険会社は保険金支払義務を負うことになる。しかし，生命保険約款では，通常，保険会社に保険契約の申込みを承諾して第１回の保険料を受領した時から保険契約上の責任を負わせる旨の条項（いわゆる責任開始条項）が置かれている。この条項は，生命保険契約を第１回保険料の支払によって成立する要物契約にするものでも効力発生要件とするものでもなく，「保険料前払いの原則」の確保を目的として，第１回の保険料の払込みを保険者の責任開始の条件と定めているにすぎないとされている（大高・法律相談70頁）。

つまり，保険契約者から保険料を徴収し，これを積み立てて運用し，保険事故が生じた場合には保険金を支払うという保険制度の構造上，保険料の支払があるまでは保険者の責任は開始しないことが必要であり，また，保険料は常に「前払い」としておくことが望ましい。しかし，それは法的な枠組みで強制されるのではなく，あくまでも約款上（当事者間の契約上）での取決めとして保険契約者を拘束するものと位置付けられているのである。

(イ) 払込猶予期間と失効

上述したとおり，一般的な約款では，保険料が支払われない限り，保険契約は成立しても保険者の責任は開始しない。第1回の保険料を支払わなければ，保険者は民法541条《履行遅滞等による解除権》により保険契約を解除することができると解される（山下ほか・保険法273頁）。

第2回以後の保険料の不払いについては，通常，一定の猶予期間，例えば，月払契約では，払込期月の翌月末日までの猶予期間とし，この期間中に保険料を支払えば契約は存続し，その期間を徒過すると，期間満了日の翌日に契約が失効するといった条項を約款で定めている。

この期間中は，契約は有効なので保険事故が起きれば，保険金は支払われるが，未払いの保険料があれば，その分は差し引かれることになる（エヌエヌ生命・約款39頁）。

なお，猶予期間中に保険料が支払われずに期間が経過するとその保険契約は失効するが，保険契約の多くは，3年間といった一定の期間内に保険契約者が保険者の承諾を得て，延滞保険料の支払と告知をすれば，保険契約を復活することができる条項を約款に設けている（エヌエヌ生命・約款53頁）。

> 解約返戻金額がある保険契約の場合には払込猶予期間を徒過したときでも，その解約返戻金を自動的に貸し付けることで契約を有効に存続させる条項を設けている保険契約もある。

この制度は，保険契約者が契約の失効後に新たに保険契約を締結しようとすると，年齢等の理由から失効した保険契約よりも新しい保険契約の条件の方が不利となり保険契約を締結することができないような事態が発生することがあるので，このような事態を減らすことにより保険契約者の利益を図るために設けられている制度である（大高・法律相談275頁）。そして，保険約款に定めるところに従い，いったん失効しても失効前の状態を回復させることを目的とした特

殊な契約であると解するのが通説とされている（山下ほか・保険法275頁）。

イ　生命保険料の債務確定に関する法人税法上の一般的な取扱い

法人税法22条3項2号は，各事業年度の損金の額に算入すべき金額のうち，「販売費，一般管理費及びその他の費用」については，償却費以外の費用でその事業年度終了の日までに債務の確定しないものを除くとされ，いわゆる債務確定基準を採用している（法法22③二）。

債務確定基準の考え方は，解釈通達で以下のように示されている。

法人税基本通達2-2-12《債務の確定の判定》
　法第22条第3項第2号（損金の額に算入される販売費等）の償却費以外の費用で当該事業年度終了の日までに債務が確定しているものとは，別に定めるものを除き，次に掲げる要件の全てに該当するものとする。
(1) 当該事業年度終了の日までに当該費用に係る債務が成立していること。
(2) 当該事業年度終了の日までに当該債務に基づいて具体的な給付をすべき原因となる事実が発生していること。
(3) 当該事業年度終了の日までにその金額を合理的に算定することができるものであること。

この取扱いを**ア**で説明した「保険料前払いの原則」により，約款上，常に保険料が前払いとなることを踏まえつつ生命保険料に当てはめると次のようになる。

① 債務の成立　　⇒　保険契約を締結することで保険料の支払義務が生じた。
② 原因事実の発生　⇒　保険会社が負担する約定上のリスクの対価として保険料を支払うことで，保険会社から当該リスクの保障を受けた。
③ 金額の合理的算定⇒　一定の保険料期間に相当する保険料は保険契約で定められた。

このように整理すると，生命保険料は，契約を締結して定められた保険料を支払い，保険者による危険負担がなされた時に債務が確定することになる。したがって，支払った保険料は，実際に保険者が危険負担する期間に応じて債務が確定していくことになろう。これは，例えば，掛捨ての危険保険料と付加保険料とで構成される定期保険の保険料について，死亡保険金の受取人がその法人である場合には，その支払った保険料の額は，期間の経過に応じて損金の額

に算入するといった取扱い（法基通9-3-5(1)）とも整合し，妥当な整理であると思われる。

なお，保険料期間の途中で事業年度末を迎える場合には，支払保険料のうち翌事業年度のリスク負担に対するものが含まれることとなる。この部分は，前払保険料として資産計上されることとなるが，通常の場合には，短期前払費用の取扱いが適用されるので，上述のような定期保険を前提する限り，未経過保険料を資産計上することは実務上ほとんどないといってよいであろう。

ウ 設問に対する回答案の検討

設問では，約定上の支払期日に保険料を支払わなかった場合の未払計上額が法人税法上の損金の額として認められるかを問うものであるが，前項で示した債務確定基準を踏まえると，すでに保険契約を締結し，保険料の支払義務が生じていることおよび支払保険料の金額は約上で定められていることから，上記**イ**で掲げた債務確定基準の要素である①，②，③のうち，①および③については検討の余地がない。したがって，②の問題，すなわち，原因事実の発生をどの時点で捉えるのが妥当かという問題に焦点を当てて以下検討することとしたい。

(1)で掲げた3つの回答案を眺めると，A説が一見妥当な見解のように思われる。すなわち，保険料前払いの原則に立って，

```
保険料の支払   ⇒  保険会社によるリスク負担を受けることができる
保険料の不払い ⇒  保険会社によるリスク負担を受けることができない
```

という単純な図式で判断すると，保険料を支払わなければ債務確定基準の要素である原因事実の発生が認められないので債務が確定しないと考えられるからである。この考え方は，保険料の支払が滞った場合には，直ちに契約が失効となることが前提とされている。しかし，**ア**で検討したとおり，保険料の支払が滞った場合に，必ずしも直ちに契約が失効するわけではなく，通常の場合には，一定の払込猶予期間が設けられ，その期間は保険契約が有効に維持される。

この期間に係る保険料相当額については，保険料の支払がない以上，A説によれば債務が確定するものはないとの取扱いとなろう。

この点，払込猶予期間中であろうとなかろうと，保険料を支払わなければ債務が確定しないとの取扱いもそれほど不合理とまではいえないとの見解もあろ

う。払込猶予期間は，保険者および保険契約者の便宜を図るためのいわばオマケの期間であり，払込猶予期間の末日までに未払いとなっている保険料が支払われなければ自動的に契約が失効すること，また，払込猶予期間は通常1か月から2か月といった比較的短期間であることから，この期間中に係る保険料の債務の確定についてまでいちいち考慮する必要はないとする考え方である。

しかし，払込猶予期間中にも保険者は保険契約上の危険負担をしているのであり，保険契約者は当然に保険料の支払義務がある。そうであるからこそ，この期間中に生じた保険事故に対する保険金について，もし事故発生時までに保険料の払込みがない場合にはその延滞保険料相当額を差し引いて給付されるのである。したがって，払込猶予期間は保険契約者に対する単なるオマケの期間ではないことは明らかである。また，払込猶予期間は約款上に規定されているものであり，保険料が不払いになった際に，場当たり的に保険契約者に与えられるものでもない。約款は保険契約の内容を示すものであり，保険者と保険契約者との合意により成立している。これらのことからすると，この期間中の支払保険料の損金計上時期の問題を無視することは相当ではなく，少なくとも，払込猶予期間中は，保険会社による危険負担を受けているのであるから，債務確定基準における原因事実が発生しており，期間の経過に応じて保険料相当額の債務が確定すると考える方が妥当なのではないかとの疑問が生じる。

B説は，上述の疑問に対する解決策を示している。すなわち，支払期日の翌日以降も保険契約上の危険負担をしているので，未払保険料のうち，少なくとも当期に係る部分については，債務が確定しているとする考え方である。

また，通常，第2回目以降の保険料の支払期日は契約応当日となるが，実務では，払込期日という取扱いがなされている。例えば，本設例のように，3月15日が応当日である場合，払込期月は3月31日となっている可能性が高い。この場合には，4月1日より払込猶予期間が開始することになる。したがって，B説で示された計算式は，払込期月である3月31日に未払いとなっている場合には，契約応当日，すなわち3月15日の翌日から期末までの部分に係る保険者の危険負担の対価を日割り計算していることになる。

B説を採った場合，未払計上した保険料相当額は，払込猶予期間において保険料が支払われた場合には，その支払保険料に充当する処理を行うことになる。また，払込猶予期間が過ぎて，契約が失効した場合には，失効の時点で未払計

上した保険料相当額を益金算入することになろう。

　なお，保険料が不払いであっても直ちに失効しないケースとして，解約返戻金等がある契約にみられる自動貸付制度が挙げられる。この制度は，保険契約に基づく解約返戻金の範囲内で自動的に保険契約者に貸し付けて保険料および利息の支払に充当するというものであり，この処理が続けられる限り，保険契約は有効に継続させる制度である。約款上は，猶予期間経過後3か月以内は，保険契約者が解約，払済保険等への変更等を請求することができ，その場合，自動振替貸付けは遡及的に行われなかったものとして取り扱われることが多いとされる（山下ほか・保険法274頁）。この制度が適用される場合には，保険契約者は，保険料としての具体的な金銭の払込みはないものの，実質的には保険者より保険料相当額の金銭を借り入れて保険料を支払っていることになるので，支払期日において借入金と支払保険料および支払利息が生じると思われる。いずれにしても，個々の約款に応じた税務処理をしていくこととなろう。

　C説は，支払保険料の性格を，保険契約者としての継続的地位を獲得するための対価という捉え方から，債務確定時点を支配期日とするものであるが，保険料の性格はこれまで述べてきたとおり，保険者の危険負担の対価であることから採用することはできない。

　なお，仮に，設問の生命保険料を契約維持のための費用と捉えたとしても，その支出の効果が向こう1年間に及ぶため，期間経過に応じて損金の額に算入させるのが妥当と思われる。その場合には，損金算入額がB説と変わらないことになる。

(3) まとめ

　以上のとおり，本件の生命保険料は，保険会社の危険負担の対価であるので，契約が存続する以上，当期に期間に係る保険料については，債務が確定しているものとして取り扱うのが相当である。したがって，B説に基づいて税務処理するのが理論的には最も正しい処理であると思われる。

¶レベルアップ！　未払保険料の計上に関する実務上の留意点

　公表されている解説等からすると，一般的な実務では，A説で行われているものと推察される。これは，(2)アで述べたとおり，事実上，未払保険料の徴収

が強制的に履行されることがないといったA説記載の理由のほか，払込猶予期間はせいぜい1か月から2か月程度と短期間であり，損益に与える影響はそれほど大きくない場合がある一方，多数の使用人を被保険者とした法人契約の場合に，一人ひとりの使用人の加入に合わせて未払計上額を計算することは極めて煩雑な事務が強制されてしまうといった実務上の理由もあるのではないかと思われる。また，B説を採った場合に，給与として取り扱われる保険料はどのように理論付けるのかといった問題にも適切に対応していく必要がある。

　これらのことを勘案すると，A説で実務が行われていることについても一定の合理性があり，直ちにB説を採用することは必ずしも現実的とはいえない面もある。

　さらに，国税当局においてもA説で理解している調査官が多いものと思われ，納税者がB説を採用している場合に，調査官から未払保険料の損金算入額に対して問題点として指摘され，納税者に思わぬ負担が生じる可能性も否定できない。

　したがって，個々の契約について直ちにB説を適用するのではなく，B説の考え方が一般に定着しているか十分見極めた上で適用することが現実的な対応であるといわざるを得ないのが現状であろう。

14 応用事例:死亡保険金・解約返戻金の益金算入の時期

Q23 死亡保険金・解約返戻金の益金算入の時期

当社では,役員の退職金を準備するため,当社を契約人と保険受取人,役員を被保険者とする生命保険に加入しています。

当事業年度において,保険事故と解約が発生しました。

・役員Aが死亡…死亡保険金(3億円)の受取り　　＊全額益金算入
・役員Bが退任…解約返戻金(2,000万円)の受取り　＊全額益金算入

保険事故と解約は,共に当社の決算間際に発生しました。死亡保険金,解約返戻金の益金の算入時期に関して,どのように考えるべきでしょうか。

・当社の決算　3月31日
・役員Aについて
　死亡日　3月15日
　保険金請求書類の記入日　3月25日
　保険会社による保険金請求書類の受付日　3月27日

　保険会社による保険金の支払決定日　4月15日
　保険金の法人口座への着金日　4月19日
・役員Bについて
　解約請求書の記入日　3月25日
　保険会社に受付日・解約返戻金の効力発生日　3月28日
　解約返戻金の保険会社処理日　3月31日

　解約返戻金の法人口座への着金日　4月2日

(1) 論　点

決算日以前に死亡し,決算日後に保険金が支払われた場合,いつの時点で死亡保険金を益金の額に算入するべきかという問題がある。本事例の役員Aは,

決算日である3月31日以前に死亡し、決算日後に支払通知および保険金の支払が行われたが、果たして死亡日の属する事業年度において、益金の額に算入する必要があるのであろうか。

同様の問題は解約返戻金についても考えられる。役員Bに係る解約返戻金は、3月31日以前に解約申込みがなされ、翌事業年度に支払がされているが、益金の額に算入すべき時期はいつであろうか。

この問題を検討するためには、権利確定主義について考える必要がある。

ア　A　説

死亡時点および解約時点において、益金に算入すべきとする見解である。

(ア)　理由1

法人税法上、益金の算入時期については、権利確定主義を採っているといわれ、判例によると、「収益は、その実現があった時、すなわち、その収入すべき権利が確定したときの属する年度の益金に計上すべき」とされる（最高裁平成5年11月25日第一小法廷判決・民集47巻9号5278頁（酒井・ブラッシュアップ252頁、酒井・プログレッシブⅡ59頁参照））。

これを受取死亡保険金についていえば、保険事故が発生した時点において、約款による保険金の支払（受取り）が決定するので、収入実現の蓋然性が高くなったといえる。したがって、受取死亡保険金の益金算入時期は、死亡の時点とするべきというのが、A説の根拠である。

(イ)　理由2

また、契約者から解約の申出があった場合、約款により保険会社は解約を拒むことができないと定められているケースが多いため、解約請求書が保険会社に到達した時点で「完成した意思の到達」があるといえ、その日が解約返戻金の効力発生日と考えられる。したがって、A説によると、保険会社における書類受付日において、解約返戻金の収入すべき権利が確定したものと考え、益金に算入すべきと考えることになる。

> エヌエヌ生命・約款には解約について次のように定められているので、参考のために紹介する。

> **第24条《保険契約の解約》**
> 1. 保険契約者は、いつでも将来に向かって保険契約の解約を請求することができます。

> 2．本条の規定によって保険契約の解約を請求するときは，保険契約者は，別表3に定める必要書類を会社に提出してください。

（注）別表3は省略。

イ　B 説
支払通知の受領の日あるいは入金日のいずれか早い日とする見解である。

(ア)　理由1
　被保険者の死亡があっただけでは，保険会社から死亡保険金を受け取る権利が確定しているとはいえない。なぜなら，例えば，告知義務違反があった場合，あるいは契約者，受取人が被保険者を殺害した場合等においては，約款により保険金の支払いは行われないことになる。また，事故割増が付されている場合には，事故と認定されるか否かにより支払保険金額が異なるため，被保険者の死亡時点では，支払われる保険金額は確定していないといえる。

　したがって，死亡保険金が支払われるかどうか，またその額がいくらであるかは，保険会社が調査を行った後に確定すると考えられ，具体的には保険会社からの通知の日に確定するものと考えるのが，B説の根拠である。

　ここで，隔地者間の意思表示は到達主義により，到達の時点をもって効力を生ずるとするのが民法の原則であるため（民97①），保険会社からの通知を受領した時点で，通知の効力が発生すると考えられる。したがって，保険金受取人が通知を受領した時に益金の額に算入するのが適当ということになる。

(イ)　理由2
　しかしながら，郵便事情等によっては，通知が到着するより早く保険金が着金する場合が考えられる。この場合は着金の時をもって権利確定したと考えるのが適当であり，通知の到着の時ではなく，着金の時をもって益金に算入すべきといえる。

　上記より，B説においては，受取人が支払通知を受領した時と着金の時とのいずれか早い時に益金に算入することになる。

　なお，解約返戻金についても同様に考えるべきである。すなわち，解約請求書が保険会社に到達した時点では，返戻金の金額は確定していないから，死亡保険金と同様，通知の到達ないし着金の時点をもって益金の額に算入すべきと考えられる。

(2) 解　説
ア　通達の検討

　法人税基本通達には，受取死亡保険金および解約返戻金の益金算入の時期についての取扱いはないが，所得税基本通達には次の取扱いがある。

> **所得税基本通達36-13《一時所得の総収入金額の収入すべき時期》**
> 　一時所得の総収入金額の収入すべき時期は，その支払を受けた日によるものとする。ただし，その支払を受けるべき金額がその日前に支払者から通知されているものについては，当該通知を受けた日により，令第183条第2項《生命保険契約等に基づく一時金に係る一時所得の金額の計算》に規定する生命保険契約等に基づく一時金又は令第184条第4項《損害保険契約等に基づく満期返戻金等》に規定する損害保険契約等に基づく満期返戻金等のようなものについては，その支払を受けるべき事実が生じた日による。

　受取生命保険金について，死亡から支払までの流れを時系列で考えると，①被保険者の死亡→②保険金請求→③支払決定（支払通知）→④支払，ということになるが，上記通達によると，最も遅い支払の日を原則的な収入すべき時期とし，支払前に金額が通知されている場合には通知の日，そして生命保険契約等に基づく一時金については特に規定を設けて，その支払を受ける事実が生じた日，すなわち死亡の日とすべき旨が示されている。

　一時所得に関して，なぜ支払を受けた日を収入すべき時期の原則に掲げているかについては，「一時所得は，臨時的・偶発的な所得で，しかも，労務その他の役務又は資産の譲渡の対価としての性質を有しないものとされている。したがって，一時所得の収入金額は，その支払があってはじめて収入のあったことを認識する場合が多いものと考えられることから，本通達では，一時所得の収入金額の計上時期は，一般には，その支払いがあった日によるものとされた」と説明されている（森谷・所基通逐条解説301-302頁）。これに対して，支払に先立って支払うべき金額が通知されている場合には，収入実現の蓋然性が十分に高いと考えられるため，支払を待たずして収入に計上すべきということになる。この考え方はB説と同じ立場に立つものであり，死亡保険金の受取りは，臨時偶発的なものであり，死亡時点では支払がなされるか，あるいはいくら支払われるかについて確定していないのであるから，受領すべき金額が確定する日，すなわち支払の日ないし通知の日をもって収入に計上すべきであるとの考え方である。

一方，当該通達ただし書本文においては，その支払を受けるべき事実が生じた日，即ち，保険事故が発生した時点で，収入に計上すべき旨が示されている。これは，保険については，他の一時所得の項目に比して収入実現の蓋然性が高いという評価によるものと思われるが，この考え方はA説に結び付く。

A説とB説の見解の相違は，死亡時点での収入実現の蓋然性について，十分に高いとみるか，まだ不確定であると考えるかによるものであるといえよう。

また，法人税基本通達には，払済保険へ変更した場合の取扱いが示されているが，解約の場合の収益の計上時期の参考になると思われるので，ここに掲げる。

> **法人税基本通達9-3-7の2 《払済保険へ変更した場合》**
> 法人が既に加入している生命保険をいわゆる払済保険に変更した場合には，原則として，その変更時における解約返戻金相当額とその保険契約により資産に計上している保険料の額…との差額を，その変更した日の属する事業年度の益金の額又は損金の額に算入する。ただし，既に加入している生命保険の保険料の全額（傷害特約等に係る保険料の額を除く。）が役員又は使用人に対する給与となる場合は，この限りでない。

払済保険への変更は，旧契約の解約と新契約の締結と考えられるが，当該通達によれば，変更の時点で解約返戻金相当額を認識して税務処理をすることとされている。しかしながら，払済保険への変更は，現金の収受を伴わない保険契約の変更という特殊性を有することから，変更の時点が，解約の時であるといえるのか，それとも解約返戻金相当額の決定をした日と考えるべきかについて，当該通達は回答を示しているとはいえない。

イ　金額が未確定であることについて

B説の根拠の1つに，死亡の時点では支払われる金額が確定していない，という点が挙げられる。特に解約返戻金については，契約者が返戻額を算出することは困難であり，保険会社の決定による通知によってはじめて受領する額が確定するといえる。

東京高裁平成21年2月18日判決（税資259号順号11144）は，従業員の詐欺による損害に係る損害賠償請求権の計上時期について，次のように判示している。

> 「乙は，被控訴人の経理担当取締役らに秘して本件詐取行為をしたものであり，被控訴人の取締役らは当時本件詐取行為を認識していなかったものではあるが，本件詐取行為は，経理担当取締役が預金口座からの払戻し及び外注先への振込み依頼について決済する際に乙が持参した正規の振込依頼書をチェックしさえすれば容易に発覚するものであったのである。また，決算期等において，会計資料として保管されていた請求書と外注費として支払った金額とを照合すれば，容易に発覚したものである。こういった点を考えると，通常人を基準とすると，本件各事業年度当時において，本件損害賠償請求権につき，その存在，内容等を把握できず，権利行使を期待できないような客観的状況にあったということは到底できないというべきである。そうすると，本件損害賠償請求権の額を本件各事業年度において益金に計上すべきことになる。」

したがって，一見して金額が具体的に決定していないという一事のみをもって，A説を排斥する理由にはならないと思われる。

ウ　裁決事例

受取保険金の収益計上時期について争われた裁決事例として，車両の盗難による保険金収入の計上時期が争われた，国税不服審判所平成15年2月6日裁決（裁決事例集65号366頁）がある。この裁決事例は，受取生命保険金の収益への計上時期を直接に示しているものではないが，受取保険金の収益計上時期に関する考え方を示すものとして参考になると思われる。

> 「請求人は，本件保険契約の保険約款には保険会社の免責事項があり，無条件に保険金が保険会社から支払われるものでないから，本件盗難損失に係る保険金収入の計上時期は，『保険金のお支払のご案内』の日付である平成13年8月31日の属する平成14年7月期である旨主張する。しかしながら，…重過失に基因する車両盗難は，当該保険約款の免責事項に該当せず，たとえ，請求人に重過失があったとしても，保険金が支払われることが明らかであるから，…本件盗難損失に係る保険金収入を本件事業年度の益金の額に算入すべきである。」

上記裁決において，納税者は，B説と同様に，保険事故が起きただけでは支払は確定せず，約款に規定する免責条項に該当しないかなどの審査を経てはじめて支払が確定するわけであるから，支払通知の日をもって収益に計上すべきであると主張したが，かかる主張は斥けられている。審判所は，当該事案において保険金が支払われることは明らかであるから，保険事故のあった事業年度の益金の額に算入すべきと示したが，これはA説と同様の立場に立つものと思われる。

(3) まとめ

　以上，検討したとおり，受取死亡保険金の収益計上時期については見解が対立しているが，被保険者の死亡が自殺，他殺，事故など保険金調査に時間を要するものでない場合には，死亡保険金の支払は約款どおり速やかに行われる公算が大きいため，死亡日における保険金受領の蓋然性は十分に高く，A説のとおり死亡日の収益計上とするのが理論的であるように思われる。この考え方によると，保険金調査に相当な期間がかかる場合には，B説のとおり，支払通知の到達日をもって収益に計上すべきであるということになる。

　これに対し解約返戻金については，契約者から解約の申込みをしてなされるものであるため，保険会社での受付日を収益計上の日とするのが理論的であると思われる。しかしながら，保険実務的に，解約の申込書を受領した日を，解約返戻金の支払通知と別に発送している例は少ないと考えられるため，結果として，解約返戻金の支払通知の日をもって収益の計上日とする例が多い。

¶ レベルアップ！　受取生命保険金の収益計上時期

　管見するところ，保険税務に係る実務解説書には，受取生命保険金の収益計上時期について，いくつかの見解の分説が見られる。その内容はおおむね次の3つの見解に分かれている。

　① 支払通知を受けた日の収益に計上するとするもの

　　 この見解に立つものとして，例えば，長谷川俊明編『Q＆A保険の活用と法務・税務―生保・損保・第三分野の保険―』375頁（新日本法規2006），三輪厚二『Q&A生命保険・損害保険の活用と税務〔平成22年12月改訂〕』32頁（清文社2011），藤山清春『Q&A会社の収益・費用計上時期判断の手引』199頁（新日本法規2002），渡辺淑夫監修『保険・年金の税務Q&A〔新版〕』136頁（ぎょうせい2004））。

　② 支払通知を受けた日の収益に計上するのが原則であるが，保険請求手続に時間がかかっている場合には支払通知の日とすることは認められないとするもの

　　 この見解に立つものとして，例えば，保険税務ハンドブック編集委員会『保険税務ハンドブック』503頁〜506頁（保険毎日新聞社2013）。

　③ 原則は死亡日の収益として計上すべきであるが，実務上は支払通知を受けた日に収益計上することが認められるとするもの

　　 この見解に立つものとして，例えば，保険税務事例研究グループ『保険税務Q&A

〔6訂版〕』175頁（税務研究会出版局2014），岩崎敏『生命保険税務と周辺問題 Q&A〔最新版〕』124頁（新日本保険新聞社2011）。

　これらの見解の多くは，支払通知を受けた日の収益に計上することを示唆するものといえよう。

　おおむねこれらの見解は，B説と同じく，死亡時点では生命保険金の支払は確定しておらず，保険会社の調査後に支払うべき旨と金額が確定することから，保険会社による支払決定後，具体的には支払通知の到達後に収益に計上すべきであるという考え方に立つのではなかろうか。また，保険請求にはある程度の期間がかかるものであるため，実務上その期間を配慮して，支払通知書の到達日によるとしているものが見受けられる。

　死亡保険金の請求について実務的に考えたとき，特に代表者死亡の場合には，次の代表者を選任し，登記を完了しないと保険金が請求できないという事情があり，また，同族会社における代表者は通常その会社の株式も多く保有しているため，遺産分割協議が成立しないと株主総会決議を行うことが難しいという事情がある。したがって，決算期間近で代表者ないし重要な役員が死亡した場合，その保険金の受領にはかなりの時間がかかることが予想される。また，代表者ほかの役員に会社契約で生命保険を掛けている場合，受取保険金は，死亡した役員の退職金の原資に充てるケースが多いと思われるが，受取保険金と退職金の支払決定とは費用収益対応の関係にはないため，その計上を同一事業年度に行わないと，受取保険金の収益計上のみが先行するという事態が生ずる。

　これらの実務的な事情を考慮して，決算期間近での死亡の場合，受取保険金の収益計上時期を支払通知書の到達日とすることが容認されるとの記述になったという可能性もあろう。これにより，実質的に受取保険金に関する事務を，翌事業年度に1年がかりで行うことができるようになるわけである。

　しかしながら，受取保険金の収益計上時期を支払通知書の到達日とすることが容認される理由が，保険金請求に係る実務的な時間を考慮したものと考えると，これを濫用して，請求時期を操作することにより，受取保険金の計上時期を恣意的に調整することは認められないということになる。上述②において，「保険請求手続に時間がかかっている場合には支払通知の日とすることは認められない」とされているのは，この点を示しているものである。

15 応用事例：個人事業主契約と必要経費

Q24 個人事業主契約と必要経費

> 私（A）は医院を経営している個人事業主です。この度，従業員等の退職金準備を目的として，個人事業主である私を契約者とする養老保険等に加入しようと考えています。
>
> 顧問税理士から「保険料を経費にすることについて，個人事業主の場合は法人よりも厳しい目で見られる」といった話を聞きました。
>
> 生命保険に加入する場合，個人事業主は税務署から法人よりも厳しい目で見られるのでしょうか。また，個人事業主の必要経費について，最近話題になった裁判例があると聞きましたが，生命保険の保険料を必要経費とすることに対して，何らかの影響を与えるということは考えられるのでしょうか。
>
> ・加入予定の生命保険契約の種類　養老保険（福利厚生プラン）
> ・契約者・満期保険金受取人　A
> ・被保険者　従業員（80名）
> ・死亡保険金受取人　従業員の家族
> ・年払保険料（80名分合計）　4,000万円（1/2必要経費）
> ・保険金額　全員一律　500万円（死亡・満期とも）
> ・保険期間　全員一律　10年間

(1) 論　点

個人事業主が従業員に掛けた生命保険の保険料は経費となるのか。法人税の取扱いとの間に何らかの差異があるのか。

ア　A　説
法人税の取扱いに準じて必要経費に算入してもいい。

イ　B　説
業務遂行上の必要性があれば必要経費に算入されるが，必要性があるか否か

は，保険の状況等からその都度個別に判断すべきである。

(2) 解　説
ア　事業所得の必要経費

所得税法37条《必要経費》1項において，事業所得の必要経費に算入すべき金額には，「販売費，一般管理費その他所得を生ずべき業務について生じた費用…の額」が定められている。

ところで，事業主が，従業員を被保険者とする保険料を支払った場合の取扱いについては，法人税では通達で定められているものの，所得税では特に定められていない。

これについては，次の個別通達（郵政省（当時）からの照会，一部省略）があり，個人事業主が自己を契約者とし，従業員を被保険者とし，従業員の家族を保険金受取人とした場合には，その保険料は必要経費に算入できるとされている。

定期保険の保険料にかかる所得税および法人税の取扱いについて

直審3-142
直審4-117
昭和48年12月22日

1. 法人が自己を契約者及び保険金受取人として役員又は従業員を被保険者として，この定期保険に加入した場合の保険料（役員のみを対象とした場合を除く）は，その法人の所得の計算上損金に算入できる。
2. 法人又は個人事業主が自己を契約者とし，役員又は従業員を被保険者とし，役員又は従業員の家族を保険金受取人として，この定期保険に加入した場合（被保険者である従業員又は保険金受取人である従業員の家族が契約者である個人事業主と生計を一にする配偶者その他の親族であり，かつ，その親族であるがために加入したと認められる場合を除く。）の保険料は，その法人又は個人事業主の所得の計算上損金に算入できる。
3. 上記1及び2において，法人又は個人事業主が負担する保険料は，被保険者である役員又は従業員の給与所得には算入されない。
4. 上記1から3までにおいて，傷害特約を付加した場合も税法上の取扱いは同様である。

しかし，この保険は，いわゆる掛捨てで満期払戻金がない条件なので，他の契約形態の保険の取扱いについて参考にはできそうにない。

その後，昭和55年に改正された所得税基本通達9-22《所得補償保険金》の注書

きでは,「業務を営む者が自己を被保険者として支払う当該保険金に係る保険料は,当該業務に係る所得の金額の計算上必要経費に算入することができないのであるから留意する。」と定められていたので,この通達を参考にして従業員を被保険者とすれば,保険金受取人は別として,支払った保険料は必要経費に算入できると解釈することもできる。

また,従業員側の経済的利益については,原則,経済的利益とはしない旨の取扱いがなされている。

> **所得税基本通達36-31《使用者契約の養老保険に係る経済的利益》**
> 　使用者が,自己を契約者とし,役員又は使用人(これらの者の親族を含む。)を被保険者とする養老保険(被保険者の死亡又は生存を保険事故とする生命保険をいい,傷害特約等の特約が付されているものを含むが,36-31の3に定める定期付養老保険を含まない。…)に加入してその保険料(令第64条《確定給付企業年金規約等に基づく掛金等の取扱い》及び第65条《不適格退職共済契約等に基づく掛金の取扱い》の規定の適用があるものを除く。以下この項において同じ。)を支払ったことにより当該役員又は使用人が受ける経済的利益(傷害特約等の特約に係る保険料の額に相当する金額を除く。)については,次に揚げる場合の区分に応じ,それぞれ次により取り扱うものとする。
> (1)(2)略
> (3)　死亡保険金の受取人が被保険者の遺族で,生存保険金の受取人が当該使用者である場合　当該役員又は使用人が受ける経済的利益はないものとする。ただし,役員又は特定の使用人(これらの者の親族を含む。)のみを被保険者としている場合には,その支払った保険料の額のうち,その2分の1に相当する金額は,当該役員又は使用人に対する給与等とする。
> 　(注)2　上記(3)のただし書については,次によることに留意する。
> (1)　保険加入の対象とする役員又は使用人について,加入資格の有無,保険金額等に格差が設けられている場合であっても,それが職種,年齢,勤続年数等に応ずる合理的な基準により,普遍的に設けられた格差であると認められるときは,ただし書を適用しない。
> (2)　役員又は使用人の全部又は大部分が同族関係者である法人については,たとえその役員又は使用人の全部を対象として保険に加入する場合であっても,その同族関係者である役員又は使用人については,ただし書を適用する。

イ　個人と法人の相違

次に,所得税の必要経費の判断において,類似する事例の法人税の通達があったときに,これを所得税に準用できるかが問題となる。

法人は,利益追求目的に存するものであるから,法人が支出するということは,将来または過去の収益に直結する費用だからであり,会計学および法人税

法上，期間損益の都合で一時的に資産計上されることはあっても，法人が支出する以上，原則として損金計上となる。

一方，個人は，法人のように常に事業的行動を行っているわけではなく，生活のための消費行動やどちらにも当てはまらない行動（贈与等），さらにはこれらと事業的行動が混在する場合などさまざまである。

そして，所得税法施行令96条《家事関連費》1項によって，「家事上の経費に関連する経費の主たる部分が業務の遂行上必要であり，かつ，明らかに区分することができる場合」以外は，家事関連費になるので必要経費に算入できないこととされている。

したがって，個人の支出には，法人にはあり得ない家事関連費が含まれるので，その支出内容を十分吟味しないと必要経費になるかどうかが不明であるから，安易に法人税の取扱い等を準用するわけにはいかず，その都度個別に判断せざるを得ない（🔍21—184頁，参考裁決1：国税不服審判所平成23年3月23日裁決（裁決事例集未登載，TAINS F0-1-401）要旨の①参照）。

参考裁決1：国税不服審判所平成23年3月23日裁決（TAINS F0-1-401）
（要旨）

請求人は，①従業員を被保険者とする本件各養老保険契約及び本件各がん保険契約（本件各保険契約）は，それぞれ法人税基本通達9-3-4《養老保険に係る保険料》及びがん保険契約に係る法令解釈通達（平成13年8月10日付課審4-100）が準用され，本件各養老保険契約に係る保険料の額のうち2分の1相当額及び本件各がん保険契約に係る保険料の全額を必要経費に算入することができる旨，②本件各保険契約は，従業員の退職金又は死亡弔慰金の補充，拡充という福利厚生の目的で締結されたものであり，その保険料は，事業の遂行上必要な費用であるから必要経費に算入することができる旨主張する。しかしながら，上記①については，個人の支出に関する取扱いは，家事関連費という概念がないなどの法人の支出に関する取扱いとは異なるのであり，法人税に係る通達及び取扱いは，所得税において準用されるものではなく，必要経費と認められるためには，それが事業との直接の関連を持ち，事業の遂行上客観的一般的に通常必要な費用であることが必要である。また，上記②については，本件各保険契約に係る保険金等が従業員の退職後の原資とされなかったなどの事実関係の下では，請求人が，本件各養老保険契約に基づいて支払われた保険料の額の2分の1に相当する額及び本件各がん保険契約に基づいて支払われた保険料の全額を必要経費に算入して事業所得の金額を計算することを図るとともに，保険料の名目で資金を積み立てることを企図して本件各保険契約を締結したものと認められるのであり，本件各保険契約に係る保険料の支払が事業と直接の関連を持ち，事業の遂行上客観的一般的に通常必要であるということはできない。以上からすれば，本件各保険契約に係る保険料の額は事業所得の金額の計算上必要経費に算入できないから，この点に関する請求人の

主張には理由がない。

ウ　個人は法人より厳しいチェックがなされるのか
　上記**イ**のとおり，法人の支出した保険料については原則として損金の額に算入されるが，個人の支出は，事業上の経費として明確かつその部分が明確に区分できる場合に限られているので，その都度判断が必要となり，家事関連費と判断される場合もあるので，理論上は同等（法人の場合は給与と認定されるかどうか）のものであっても，個人の方が厳しいと感じる場面はあるかもしれない。
　上記参考裁決1は，3,000万円前後の満期保険金であり，かなり高額のものであり，それも必要経費とならない一因であったかもしれない。

エ　生命保険料の必要経費該当性
　上記**イ**のとおり，保険契約者の支払った保険料が損金あるいは必要経費の額に算入できるかについては，単に法人税の取扱いに準じるのではなく個別に業務の遂行上の必要性を判断することになるところ，一般に，親族でもない者を被保険者とし，死亡した際に自らが保険金を受け取れないような生命保険の保険料を支払うことは想定しづらい。
　そうであるということは，被保険者が従業員であるから保険料を支払うのであって，その保険金は，結果的に従業員の死亡退職金となるのであり，もちろん従業員の家族に対する贈与を目的としたものではないともいえよう。
　すなわち，将来支払う必要のある退職金について，保険会社を経由して少しずつ前払いしているのと同様の効果があり，所得税法でも計上が認められている退職給与引当金（所法54①，所令153以下）のことも合わせて考えると，この保険料の支払は，将来必要経費となる退職金の一部前倒し計上であるから，業務遂行上の必要性が認められるとして，上記**イ**の裁決の請求人の主張のとおり，原則として法人税の取扱いに準じて必要経費に算入してもいいのではないかとする見解も見受けられる（例えば，榊原・保険税務1108頁）。→【A説】
　次に，参考裁決2（国税不服審判所平成17年4月26日裁決（裁決事例集未登載，TAINS F0-1-230））の要旨を参照したい。

> **参考裁決2：国税不服審判所平成17年4月26日裁決（TAINS F0-1-230）**
> **（要旨）**
> 　請求人は，従業員を被保険者とした養老保険及びガン保険については，将来の退職金のためである旨従業員に周知し，契約しており，所得税法第37条第1項に規定する業務の遂行上生じた費用であることは明らかであるから，必要経費に算入されるべきであると主張する。しかしながら，貯蓄性の高い保険契約の保険料が，事業の遂行上必要なものと認められるためには，当該保険契約締結の目的，被保険者，事業主が負担する金額，支払われる保険の金額，保険金の使用目的等を総合的に考慮し，客観的に事業の遂行上必要であると認められることを要するというべきである。これを本件についてみると，①退職金受給資格のない者についても本件保険契約に加入させていること，②退職金は，各自の勤続年数及び基本給によって異なるべきものであるところ，本件保険契約は，勤続年数，基本給及び年齢にかかわらず一律になっていること，③本件保険契約の金額は，各従業員の基本給及び勤続年数から予測される退職金の額をはるかに超える金額であること，④請求人に給付される保険金あるいは解約返戻金から従業員への退職金を支払った残額は，請求人に帰属し，これを従業員のために使用するという取決めも存しないこと，⑤福利厚生目的で加入した契約であれば当然に従業員に周知されるべき本件保険契約の内容がほとんど周知されていないことを総合勘案すれば，本件保険契約の保険料が福利厚生費として必要経費に該当すると認めることはできない。

　この裁決を要約すると，「保険料が事業の遂行上必要なものと認められるためには，保険契約締結の目的，被保険者，事業主が負担する金額，支払われる保険金額，保険金の使用目的等を総合的に考慮し，総合的に事業の遂行上必要であると認められることを要し，本件は，①退職金受給資格のない者にも加入，②退職金は各自異なるべきところ保険契約が一律，③予想退職金より保険金が高額，④保険金から退職金を支払った残額は事業主へ帰属及び⑤従業員に周知されてないことを総合勘案すれば，必要経費として認められない」であり，被保険者が従業員であっても，その保険金が本来支払われるべき退職金の金額と比較して開差がある点や保険金が全額従業員に支払われず事業主に還流している点などから，業務遂行上必要でないと判断されたものである。

　本問に当てはめると，被保険者が従業員であっても，業務遂行上の必要性があるか否かは，保険の状況等からその都度個別に判断すべきこととなる。→【B説】

オ　満期保険金を事業主が受領した場合

　さらに，満期保険金を事業主が受領した場合の課税という側面からも検討する必要があろう。

A説では，事業所得の必要経費の額に算入している以上，受領した満期保険金は事業所得の金額の計算上収入に計上せざるを得ない。B説であっても，必要経費に算入された場合（以下「業務該当」という。）は同様である。
　一方，B説で業務遂行上必要でないと判断された場合（以下「業務非該当」という。）には，受領した満期保険金はどうなるのであろうか。
　所得税基本通達34-1《一時所得の例示》(4)では，一時所得の例示として「令第183条第2項《生命保険契約等に基づく一時金に係る一時所得の金額の計算》に規定する生命保険契約等に基づく一時金（業務に関して受けるものを除く。）及び令第184条第4項《損害保険契約等に基づく満期返戻金等》に規定する損害保険契約等に基づく満期返戻金等」と通達している。これに従えば，業務に関して受領する保険金は事業所得または雑所得となるが，そうでなければ事業所得または雑所得に該当せず一時所得となる。
　この場合，業務該当では，年分は異なるにせよ，受領した満期保険金から支払った保険料を控除した残額について事業所得として全額課税されるが，業務非該当では，一時所得になることから，この残額について50万円の特別控除（所法34②）や2分の1課税といった所得税法上の特典がある（所法22②二）。
　したがって，生命保険金を満期で受領することを考慮に入れ，保険料を事業所得の必要経費の額に算入する処理によった場合には，満期保険金も事業所得に区分されることになるため，その際には上記の50万円控除や1/2課税等の一時所得の特典を受けられないことに留意する必要があろう。ただし，受領した満期保険金が支払った保険料を超えない場合には，その損失は，業務該当であれば必要経費と同様になるが，業務非該当であれば，他の一時所得との通算しか許容されないことになる。

カ　弁護士会役員の必要経費が話題になった裁判

　本問における「最近話題になった裁判」とは次の判決であるが，その要旨は以下のとおりである（東京高裁平成24年9月19日判決・判時2170号20頁）。

> 参考判決：東京高裁平成24年9月19日判決（判時2170号20頁）
> （要旨）
> 　弁護士業を営み，仙台弁護士会会長や日本弁護士連合会副会長等の役員を務めた者が，これらの役員としての活動に伴い支出した懇親会費等を事業所得の金額の計算上必要経費に算入し，また，消費税及び地方消費税の額の計算上課税仕入れに該当する

としてした確定申告に対し，前記懇親会費等については所得税法37条1項に規定する必要経費に算入することができず，また，消費税法2条1項12号に規定する課税仕入れには該当しないとしてされた更正処分の一部取消請求につき，弁護士会等の活動は，弁護士に対する社会的信頼を維持して弁護士業務の改善に資するものであり，弁護士として行う事業所得を生ずべき業務に密接に関係するとともに，会員である弁護士がいわば義務的に多くの経済的負担を負うことにより成り立っているものであるから，弁護士が人格の異なる弁護士会等の役員等としての活動に要した費用であっても，弁護士会等の役員等の業務の遂行上必要な支出であったということができるのであれば，弁護士としての事業所得の一般対応の必要経費及び消費税法2条1項12号に規定する課税仕入れに該当すると解するのが相当であるとした上，その額が過大とはいえない一部の懇親会費等は，社会通念上弁護士会等の役員等の業務の遂行上必要な支出であったとして，前記請求を一部認容した。

　この判決は，弁護士会会長等の役職を務めた者が，役員としての活動に伴い支出した懇親会費等が，事業所得の金額の計算上必要経費（消費税等の仕入税額控除）に該当しないとした更正処分の一部を取り消した事例で，「弁護士が人格の異なる弁護士会等の役員等の業務の遂行上必要な支出であったということができるのであれば，弁護士としての事業所得の一般対応の必要経費等に該当する」と認定したものである。

　したがって，この判決は，事業者の収入に直接連動しない同業者の団体組織等に関する費用の判断であって，本問に当てはめるとすれば，Ａが医師会の懇親会等に出席した場合の費用に当たるのであり，生命保険の保険料に係る必要経費の判断に直接影響を及ぼすものではないと思われる。

(3) まとめ

　所得税法上，保険料を必要経費の額に算入できるかについては，単に法人税法上の取扱いに準じるのではなく個別に業務の遂行上の必要性を判断することになり，一般に，親族でもない者を被保険者とし，死亡した際に自らが保険金を受け取れないような生命保険の保険料を支払うことは想定しづらい。そうであるということは，被保険者が従業員であるから保険料を支払うのであって，従業員が在職中に死亡した場合には，その保険金は従業員の遺族に支給され，結果的に死亡退職金となるのであり，もちろん従業員の家族に対する贈与を目的としたものではない。

　すなわち，将来支払う必要のある退職金について，保険会社を経由して少し

ずつ前払いしているのと同様の効果があり，この保険料の支払は，将来必要経費となる退職金の一部前倒し計上であるから，業務遂行上の必要性が認められるとの見解がある。所得税法37条1項は，債務確定基準を採用しているのであるから，別段の定めのある場合を除き，前払費用の計上は許容されていない。退職給与引当金は別段の定めであるため，同法上の必要経費の額に算入する法的根拠となり得る。

ただし，保険金の金額が支給する退職金に比べ高額である場合や利殖性が高いものなど，業務遂行上の必要性については，疑問の余地もあろう。

¶レベルアップ！ 必要経費にするための方策

参考裁決1や2を念頭におくと，税務当局の取扱いにおいては，B説が採用されることになりそうである。

保険料が必要経費の額に算入されるべきか否かは，保険内容等を総合的に考慮して判断することになる。参考裁決2の①～⑤を参考に考察すれば，本問の設定では必要経費に算入すべきでないとの考え方もあり得る。

そこで，個々の従業員の将来の退職金の金額に相当するよう保険金額等を個別に設定したり，10年以内の退職予定者の保険期間を見直したり，事業主が受領した満期保険金を後の退職金の原資とすべく費消せず（または再度保険契約）この満期保険金から退職金を支払った残額は従業員の福利厚生費にしか使用できないような規程を作成するなどによって保険料の必要経費算入を検討する向きもあろう。

しかしながら，この方策は，現実には不確定要素が多すぎる上，事務が煩雑になるなどの実務上の問題もあろう。

もっとも，退職金の資金源として生命保険を活用すること自体は何ら問題はない（特に従業員の死亡に伴う退職金の資金捻出）が，このこと自体に特段の節税効果があるわけでもない。他面，法人に組織変更すれば保険料の損金算入の余地はあり得ると考える。

16 応用事例：個人事業主の代替わり

Q25　個人事業主の代替わり

> 甲は医院を経営している個人事業主です。この度，医師である子乙に医院を継がせることにしました。
> 当院では，従業員等の退職金準備を目的として，個人事業主である甲を契約者とする養老保険等に加入しています。<u>代替わりに合わせて契約者等の名義を乙に変更しようと思いますが，このような場合，どのような処理を行うのでしょうか。</u>
> ・加入中の生命保険契約の種類　養老保険（福利厚生プラン）
> ・契約者・満期保険金受取人　甲
> ・被保険者　従業員（80名）
> ・死亡保険金受取人　従業員の家族
> ・年払保険料（80名分合計）　4,000万円（1/2損金）
> ・保険金額　全員一律　500万円
> ・保険期間　全員一律　10年間
> ・名義変更時点（5年目）での資産計上額　1億円
> ・名義変更時点（5年目）での解約返戻金相当額　1億5,000万円

(1) 論　点

個人事業主の立場を親族に引き継いだ場合に，保険積立金を承継することができるのか。できるとすればどのような課税関係になるのか。

ア　A　説

保険積立金の引継ぎはできず，贈与税は課税されない。ただし，かかる保険の満期時に，満期返戻金について贈与税が課税される。

イ　B　説

積立金の引継ぎはできるが，贈与税が課税される。

(2) 解　説
ア　生命保険金を受領した場合の課税関係

　生命保険契約においては，保険事故が発生しなければ保険金が支払われない。税務処理としては，現実に保険金を受領した際に，その保険金の受取人に担税力を求めて課税がなされると考えられる。

　その際，受取人が保険料を負担していれば，一時所得または事業所得（または雑所得）となるが，受取人以外の者が全部または一部の保険料を負担していた場合，その部分は，経済的にみれば，受取人が保険料負担者から贈与によって取得したのと同様の意味を有する。

　したがって，この受け取った保険金は，相続税法5条《贈与により取得したものとみなす場合》1項によって，贈与により取得したものとみなされて贈与税の課税対象となる。

　この場合，その保険金の受領が，保険料負担者の死亡を原因とする場合（いわゆる死亡保険金）には，経済的には相続または遺贈（以下「相続等」という。）によって取得したのと同様の意味を有するので，相続税法5条4項および同法3条《相続又は遺贈により取得したものとみなす場合》1項1号によって，相続等により取得したものとみなされて相続税の課税対象となる。

イ　保険積立金の贈与

　契約者および被保険者とも生存中の場合には，いつでも契約者変更等の手続が可能である。そこで，契約者変更を行えば保険積立金の贈与として課税されるのかとの疑問が生じる。

　これについては，課税実務は，次のとおり，贈与税の対象としない取扱いによっている（国税庁HP質疑応答事例）。

> **質疑応答事例**
> **生命保険契約について契約者変更があった場合**
> 【照会要旨】
> 　生命保険契約について，契約者変更があった場合には，生命保険契約に関する権利の贈与があったものとして，その権利の価額に相当する金額について新しく契約者となった者に対し，贈与税の課税が行われることになりますか。
> 【回答要旨】
> 　相続税法は，保険事故が発生した場合において，保険金受取人が保険料を負担していないときは，保険料の負担者から保険金等を相続，遺贈又は贈与により取得したものとみなす旨規定しており，保険料を負担していない保険契約者の地位は相続税等の

> 課税上は特に財産的に意義のあるものとは考えておらず、契約者が保険料を負担している場合であっても契約者が死亡しない限り課税関係は生じないものとしています。
> したがって、契約者の変更があってもその変更に対して贈与税が課せられることはありません。ただし、その契約者たる地位に基づいて保険契約を解約し、解約返戻金を取得した場合には、保険契約者はその解約返戻金相当額を保険料負担者から贈与により取得したものとみなされて贈与税が課税されます。

契約者変更があったということは、保険金の受取人が保険料を全額負担していない可能性が高く、そうなると、前記アのとおり、相続税法5条1項によって、保険金の受領の際、相続税または贈与税の課税対象となるから、契約者変更の際にあえて課税する必要がないのである。

逆に、受取人が変更後の新契約者の場合、相続税法5条1項により、保険積立金の贈与は、契約変更時ではなく保険金受取時まで課税しないと整理せざるを得ない。

また、受取人が変更後の新契約者以外の場合であっても贈与税が課税されないということについては、契約者変更によって、旧契約者から新契約者へ経済的利益を与えたかではなく、旧契約者から実際の受取人へ経済的利益を与えたか否かに着目し、契約者変更の段階で経済的利益は与えていないとみることで、みなし贈与も成立しないと考えられる（相法9）。

一方で、上記質疑応答では「契約者が死亡しない限り」とあり、これに従えば、契約者が死亡した場合については次のとおりとなる。

ウ　保険積立金の相続

契約者の死亡により、被保険者が被相続人でない場合、保険金は発生しないものの、契約者変更等の手続が行われる。

上記アによれば、保険金受領の際に被相続人が負担した保険料相当額部分（保険積立金）について課税されるのであるから、上記イのとおり、契約者変更の段階では、保険金受取人には未だ課税関係は生じないはずである。

しかしながら、この考え方では、保険金受取人は、保険金受領の際に、相続開始後相当期間を経て、既に死亡した者から贈与を受けたことになってしまう。これは民法上あり得ないことであり、税務上も整理がつかない（その者の相続税上の課税財産に加算するのか（課税時効の問題）、3年以内贈与加算との整合性など）ことなどから、保険積立金を相続等により承継した場合には、その段階で一度課税関係を整理せざるを得ないからではないかと推察される。

ちなみに，この「既に死亡した者から贈与を受けた」ことについては，いわゆる教育資金贈与で，受贈者が教育資金等に支出する前に贈与者が死亡し，その後30歳で教育資金等に使用しなかった場合に該当するが，これについては「既に死亡した者」ではなく，単なる「個人」（受贈者との関係を特定しない）から贈与を受けたこととして取り扱うことになっている（措令40の4の3⑲二）。

ところで，保険積立金についての相続税の取扱いは次のとおりである。

契約者である被相続人が保険料を負担していた場合には，相続税法基本通達3-36《被保険者でない保険契約者が死亡した場合》(1)で，保険積立金は相続人その他の者が相続等により取得する財産とされている。これは，通達の逐条解説にも解説されているとおり，保険積立金が<u>本来の相続財産を構成する</u>からであると考えられている（野原・相基通逐条解説91頁）。

死亡した者（旧保険料負担者）が既に支払った保険料相当額は，当該保険契約を引き継いだ者が受ける満期保険金に係る一時所得の金額の計算上，新たに引き継いだ保険契約者の負担した保険料とあわせて控除することとされている（所基通34-4(2)，相基通3-35）。なお，かかる引継ぎが相続によるものであった場合には，この一時所得課税とは別に相続税が課税されることになることに留意すべきであろう。

また，受取人はいつでも変更可能であり，解約により解約返戻金を受領する権利があるのは契約者であるから，保険事故発生までの保険積立金は，旧契約者が死亡した以上，税務上は資産として新契約者等に承継させざるを得ないことからみても，保険積立金は相続税の課税対象となると考えられる。

ユ　保険積立金の承継①【A説】

この保険料が必要経費として認容されるか否かの疑問はあるものの（Q24参照），仮に許容されるとすればどうであろうか。

本問のケースでは契約者変更するだけなので，上記イのとおり，贈与税の課税は生じないこととなる。

そうなると，経理処理として，甲が資産計上した保険積立金はどうなるのか，また，乙は保険積立金を資産計上することができるのかが問題となる。

そもそも，保険積立金を資産計上するのは，契約者が保険金を受領するからであって，養老保険の貯蓄性に着目している点に根拠があるが，甲はもはやこの保険金を受領することはないのであるから，保険積立金は消滅する。

では，その際，かかる積立金相当額の必要経費該当性は肯定されるのであろうか。

本問の場合，満期保険金受取人が乙に変更されることから，甲から乙へ保険積立金を贈与したことになる（贈与税は課税されない）ので，保険積立金の消滅は，必要経費ではなく，実務上は，事業主勘定で処理せざるを得ないこととなる。

> 甲の仕訳
> （借方）事業主貸　1億円　　（貸方）保険積立金　1億円

乙は，甲から承継した保険積立金部分について，満期保険金受領の際に贈与税が課税されることから，事業所得の金額の計算上，資産計上する必要はない。

したがって，乙は，前半部分の保険積立金を資産計上せず，満期保険金受領の際，事業所得の収入金額に計上する金額を4億円の2分の1の2億円とすれば，双方の保険金受領に対応可能である。

オ　保険積立金の承継②【B説】

相続による契約者変更は，上記**ウ**のとおり，相続段階で課税せざるを得ないが，贈与による契約者変更については，上記**ア**のとおり，担税力を考慮し，解約返戻金も含めて保険金受領時に課税することとし，契約者変更時にあえて課税しないことになると考えられる。

しかしながら，契約者変更をすれば，解約返戻金受領の権利が移転するのであって，この点からみれば，第一義的には契約者変更時に課税すべきであるとの考え方もあり得る。

相続時に本来の相続財産と考えるのであれば，契約者変更の時点で，本来の贈与財産または相続税法9条のみなし贈与財産と考える余地があるのではなかろうか。

税務処理としては，甲は上記**エ**の仕訳と同じであるが，乙は保険積立金を資産計上することになる。その際，保険積立金の反対勘定は事業主借等として，いくらで計上すべきであろうか。

> 乙の仕訳
> （借方）保険積立金　？億円　　（貸方）事業主借　？億円

保険積立金の贈与税における評価額については，以下のように考えられる。

贈与した保険積立金，すなわち，甲の資産計上額は1億円であるが，これは支払保険料の総額2億円の2分の1を必要経費の額に算入したためであって，乙は甲の支払った保険料2億円を承継する。なお，設問のとおり解約返戻金相当額は1億5,000万円である。

生命保険契約に関する権利の評価額（上記**ウ**のケース）は解約返戻金相当額であり，上記**イ**の国税庁の質疑応答の回答要旨後半からみても同様であるから，評価額は1億5,000万円が妥当となろう。

もっとも，資産計上額も同額の1億5,000万円でよいのか，満期保険金を受領したときに控除する保険料はいくらになるのかという問題は残るように思われる。

(3) まとめ

前述の国税庁の質疑応答のとおり，現行の課税実務の取扱いではA説の積立金の引継ぎはできないが，相続税の取扱いと同様に，契約者変更の機を捉えて贈与税課税と考えるB説にも一定の合理性はある。

¶レベルアップ！　保険積立金を有償譲渡した場合の課税関係

甲が乙に保険積立金を有償譲渡した場合の課税関係について考えてみたい。保険契約等に関する権利の譲渡の問題である。個人事業主が親族に営業譲渡する際，機械等を有償譲渡するケースがあるので，これらと同様に考えることができよう。

この場合の保険積立金の価額は，所得税基本通達36-37《保険契約等に関する権利の評価》により解約返戻金相当額の1億5,000万円とすべきであろう。

旧契約者の甲には譲渡所得が発生する。収入金額は解約返戻金相当額の1億5,000万円で，取得費は，一般的には支払保険料であると思われるが，すでに事業所得で必要経費とした部分をどうするかという問題がある。事業用建物を譲渡した場合にいわゆる未償却残高を取得費とするのと同様に，資産計上額1億円を取得費とすべきであろう。この結果，Aの譲渡所得は4,950万円となる（譲渡所得に係る特別控除50万円の控除後）。

次に，乙は保険積立金を1億5,000万円で取得したのであるから，資産計上すべき金額は当然に1億5,000万円である。

そして，乙が満期保険金4億円を受領した際には，「受取人以外の者が全部又は一部の保険料を負担していた場合」には該当しないので，贈与税の発生の余地はなく，後半分は資産計上1億円および必要経費計上1億円という税務処理になるので，事業所得としての課税対象は，満期保険金4億円－支払保険料（前半分1億5,000万円＋後半分2億円）＋必要経費算入額（後半分）1億円＝1億5,000万円となる。なお，甲が支払った保険料が承継されるのではなく，乙が支出した金額だけが保険料となることについては，以下の裁決（国税不服審判所平成22年1月19日裁決・裁決事例集未登載，TAINS F0-1-366）が参考になろう。

> 請求人の「一時所得の計算における『収入を得るために支出した金額』とは，負担者が誰であるかにかかわらず，あくまでも支払保険料の総額となるので，法人が契約した生命保険契約の契約上の地位を請求人が譲り受け，その後受領した解約返戻金に係る一時所得の金額の計算については，同法人が支払った支払保険料の全額を控除すべきである」という主張に対し，審判所は「一時所得に係る収入に関連して，あるいは収入があったことに起因して所得者自らが負担した金額（実質的に負担した金額を含む。）に限られるところ，当該支払保険料については，法人が全額負担して総勘定元帳に保険積立金として計上し，そのうち譲渡金額相当額を請求人に対する貸付金に，残余金額を雑損失に，それぞれ保険積立金から振替処理をしており，同残余金額は請求人に対する給与に該当しないことから，当該支払保険料のうち当該残余金額に相当する金額は，請求人が自ら負担した金額と認めることはできない。そうすると，請求人が当該解約返戻金を得るために支出した金額は請求人が自ら負担した譲渡金額相当額であ」るとした。

第4章

生命保険税務の取扱い（理論編）

17 保険税務と通達―通達はセーフハーバーか―

(1) はじめに

　序でも述べたとおり，租税法律主義の下，租税負担を課すためには法律の根拠を必要とするところ，実務においては，課税庁が発遣する通達に示された法令解釈を解釈上の指針とする場面も多いように思われる。ときには，解釈上疑義のある処理について，通達がある種の「セーフハーバー（安全地帯）」のごとく理解されることも少なくないのではなかろうか。もちろん，かかる通達が法令解釈として妥当なものであれば問題はないが，租税専門家はこの点について十分な注意を払っていく必要があろう。また，通達に依拠した実務が，生命保険領域においては特に多く行われているという事実も看過できない。そこで，本章では，そうした保険税務に関する法的問題を，いくつかの視角から検討してみたい。

　ここでは，上記「保険税務と通達」の問題について取り上げる。通達が果たしてセーフハーバーたり得るかという点について考えることにしよう。

(2) 通達の有するセーフハーバーとしての役割

ア　通達に従った処理が否認される可能性

(ｱ)　通達の内部拘束力

　通達は法源性を有するものではないため，通達が直接課税の根拠となるものではない。租税法律主義の下，国民の代表である議会が制定した法律を根拠としてのみ，租税の賦課徴収を行うことが認められるのであって，何ら国民の同意を経ていない通達を根拠に課税がなされることはない。あくまでも通達は，租税行政庁の法令解釈の見解にすぎない。

　もっとも，通達は行政内部における上意下達の命令手段であることから，行政内部においては職務命令としての拘束力を有している。すなわち，行政庁の職員は，その職務に当たって通達による命令に従わなければならないのであるから，そのことを前提とすれば，納税者において，「通達に従った処理を行っておけば，課税当局から否認されることはない」といった憶測が生じてくるこ

とも事実であろう。実務上，通達の規定があたかも法律の要件かのごとく扱われることも多々あるが，これらの背景には，こうした通達の有する内部拘束力が存在していることを指摘することができる。

(イ) **通達の硬直的運用の禁止**

しかしながら，行政内部の職員である以上，必ず通達を命令として厳格に運用・適用しなければならないのであろうか。この点，通達の硬直的な行政運営を防止するものとして，法人税基本通達の前文を確認しておきたい。

> **法人税基本通達前文「法人税基本通達の制定について」**
> この法人税基本通達の制定に当たっては，従来の法人税に関する通達について全面的に検討を行ない，これを整備統合する一方，その内容面においては，通達の個々の規定が適正な企業会計慣行を尊重しつつ個別的事情に即した弾力的な課税処理を行なうための基準となるよう配意した。
> すなわち，第一に，従来の法人税通達の規定のうち法令の解釈上必要性が少ないと認められる留意的規定を積極的に削除し，また，適正な企業会計慣行が成熟していると認められる事項については，企業経理にゆだねることとして規定化を差し控えることとした。
> 第二に，規定の内容についても，個々の事案に妥当する弾力的運用を期するため，一義的な規定の仕方ができないようなケースについては，「～のような」，「たとえば」等の表現によって具体的な事項や事例を例示するにとどめ，また，「相当部分」，「おおむね…％」等の表現を用い機械的平板的な処理にならないよう配意した。
> したがって，この通達の具体的な運用に当たっては，法令の規定の趣旨，制度の背景のみならず条理，社会通念をも勘案しつつ，個々の具体的事案に妥当する処理を図るように努められたい。いやしくも，通達の規定中の部分的字句について形式的解釈に固執し，全体の趣旨から逸脱した運用を行ったり，通達中に例示がないとか通達に規定されていないとかの理由だけで法令の規定の趣旨や社会通念等に即しない解釈におちいったりすることのないように留意されたい。

このように，通達はそもそも「個々の事案に妥当する弾力的運用」を想定して発遣されているのであって，「この通達の具体的な運用に当たっては，法令の規定の趣旨，制度の背景のみならず条理，社会通念をも勘案しつつ，個々の具体的事案に妥当する処理を図るように努められたい。いやしくも，通達の規定中の部分的字句について形式的解釈に固執し，全体の趣旨から逸脱した運用を行ったり…通達に規定されていないとかの理由だけで法令の規定の趣旨や社会通念等に即しない解釈におちいったりすることのないように留意されたい。」としているとおり，通達自体が，通達をまるで法令かのごとく適用することを否定していることが理解できる。こうした姿勢，すなわち，通達の硬直的運用

の禁止という基本方針そのものも行政命令の一部であることを念頭におけば，「通達に従った処理を行っておけば，課税当局から否認されることはない」という考え方には十分慎重になる必要があろう。

例えば，国税徴収法39条《無償又は著しい低額の譲受人等の第二次納税義務》の規定の適用が争点となった事例において，福岡高裁平成13年11月9日判決（裁判所HP）は，同条にいう「著しく低い額の対価」の判断について，通達が示す2分の1基準につき，これを柔軟に判断すべきと論じている。

しばしば，課税庁は通達の適用において，「課税上弊害がない場合」といった表現を用いることで，行政運営上柔軟に取り扱う余地を残しているものも見受けられ，通達を厳格に適用すること自体が難しい記載振りの通達も存在する。

また，仮に行政内部において命令違反の処理が行われていたとしても，それはあくまでも行政内部における懲戒処分の問題となるに過ぎず，納税者の主張すべき問題ではないという点にも注意が必要であろう。このように考えると，納税者が「通達に従った処理を選択したのであるから，かかる処理が否認されるいわれはない」などと主張したとしても，あまり説得的なものとはいえないのではなかろうか。

イ　通達の外部拘束力―通達がセーフハーバーとなり得る余地―

通達は法律ではないため原則としてセーフハーバーとはなり得ない。また，上記のとおり，決して通達に硬直的運用が求められているわけではないという点に鑑みれば，必ずしもセーフハーバーとして機能しない場面があることも事実である。しかしながら，通達がセーフハーバーとなり得る余地も十分にあるものと解される。以下検討してみたい。

例えば，通達がセーフハーバーとなり得る場面として，次のような場面が想定され得る。

① 通達に従わないことが信義則違反となる場合
② 通達に従わないことが平等原則違反となる場合
③ 通達による処理が行政先例法として成立している場合
④ 通達による処理が法人税法22条4項にいう公正処理基準となる場合

(ア)　通達に従わないことが信義則違反となる場合

上記のうち，まず①のケースから簡単に確認してみたい。

前述のとおり，通達は上級官庁から下級官庁に対して発遣されるものであっ

て，国民を名宛人として発遣されているものではない。したがって，通達に規定されているとおりの行政処分が行われていないとしても，そのことをもって，信義則違反を主張することもできないように思われる。

しかし，通達自体が広く国民に周知されるべきものとされていることを前提とすると，「名宛人は下級官庁であって国民ではない」という形式をことさら強調して厳格に捉えることは妥当ではないように思われる。したがって，理論的には信義則違反の可能性も否定すべきではなかろう。もっとも，これまでの裁判例において，通達に反する行政処分が信義則違反に問われた事例はないと思われるが，そのことからすれば，かかるハードルは相当程度高いものと理解せざるを得ないことも事実である。

(イ) 通達に従わないことが平等原則違反となる場合

次に，②の平等原則違反となるケースについて簡単に確認してみたい。

行政機関が合理的理由なく国民を不平等に取り扱ってはならないことは当然である。これは，憲法14条に定める平等原則により基礎付けることが可能であるところ，原則として通達に法源性を認めない通説的理解に立脚した上で，通達の法的拘束力を論じるためには，一般法理としての平等原則による説明も考え得る。

通達が法源性を有しないとしても，仮にある納税者には通達に従った行政処分を行う一方で，別の納税者には通達に従った行政処分を行わないとした場合を想定しよう。そのことが一般法理である平等原則に反し不公正と解されるときには，かかる行政処分を行わないことにつき，課税当局の裁量権の適法性が否定されると理解する余地があるものと思われる（原田尚彦「個人タクシー事業の免許申請の審査と公正手続」判タ274号77頁）。

(ウ) 通達による処理が行政先例法として成立している場合

行政先例法について，金子宏教授は「納税義務を免除軽減し，あるいは手続要件を緩和する取扱が，租税行政庁によって一般的にしかも反覆・継続的に行われ（行政先例），それが法であるとの確信（法的確信）が納税者の間に一般的に定着した場合には，慣習法としての行政先例法の成立を認めるべきであり，租税行政庁もそれによって拘束されると解すべきである（その取扱を変えるためには法の改正が必要である）」とされる（金子・租税法108頁）。このように，通説は，通達の取扱いが行政先例法として成立する余地がある旨を論じる。

通達の取扱いが行政先例法として成立する場面では、通達がセーフハーバーとなり得る余地は十分にあるといえよう。要するに、通達の取扱いが、租税行政庁によって一般的かつ反覆・継続的に行われ、納税者の間にそれが法であるとの確信が定着した段階では、かかる通達がセーフハーバーとして機能する可能性は大いにあり得る。

　しかしながら、慣習法（☞慣習法とは）の成立が、納税者の間に広く法的確信が認められる状態を前提とすることからすれば、後述する法人税法22条4項にいう公正処理基準の成立に比して、その認定の余地は極めて厳しいと思われる[1]。

　　☞ **慣習法**とは、人々の間で行われる慣習規範で、法的効力を有するものをいう。なお、行政法においては、法律による行政の原理（☞法律による行政の原理とは）ゆえに慣習法の成立する余地は少ないと解されることが多い（金子・法律学小辞典158頁）。
　　☞ **法律による行政の原理**とは、法治国家における行政法の基本原理であり、行政は、法律に基づき、法律に従って行われなければならないという基本原理である（金子・法律学小辞典1139頁）。これは、行政権が国民の自由や財産を侵害することを防止するという近代自由主義思想から生まれたものであるが、法律によらずしては国民の財産を侵害することを認めないという原理は、租税法律主義に通じるものである（酒井・税務通達49頁）。

　以上のように、信義則違反、平等原則違反、行政先例法違反のいずれも理論的には承認され得るものの、実務上、裁判においてその主張が認められるケースは極めて少ないといわざるを得ず、そのハードルは高い。

(エ)　**通達による処理が法人税法22条4項にいう公正処理基準となる場合**

　法人税法22条《各事業年度の所得の金額の計算》4項は、同条3項に規定する原価の額・費用の額・損失の額は、「一般に公正妥当と認められる会計処理の基準に従って計算されるものとする。」と規定する。これは一般的に「公正処理基準」と呼ばれることが多い。このように、法人税法上の所得計算は原則として公正処理基準に則って行われるところ、通達の取扱いが、後述するとおり一定の条件を満たし公正処理基準に該当すると判断された場合には、法人税法22条4項を通じて所得計算に組み込まれることになる。通達の取扱いが「一般に公正妥当と認められる会計処理の基準」に該当すると判断される場面においては、かかる通達は十分にセーフハーバーとなり得るであろう。

　なお、金子宏教授は、確立した会計慣行が決して網羅的であるとはいえないという点を指摘された上で、「これらの場合に、何が公正妥当な会計処理の基

準であるかを判定するのは、国税庁や国税不服審判所の任務であり、最終的には裁判所の任務」とされ、「この点に関する通達・裁決例・裁判例等は、企業会計の内容を補充する機能を果たして」いるとされる（金子・租税法323頁）。この点、例えば、木村弘之亮教授は、「法律の欠缺を通達が恣意的に補填してはならないことはいうまでもない。」とされる（木村『租税法総則』145頁（成文堂2002））が、企業会計の空白域を通達が埋めることの妥当性については議論のあるところであろう。

ウ　通達処理と公正処理基準

　もっとも、通達の処理が公正処理基準として即座に認められるわけでないのは当然である。通達の処理が公正処理基準と認められるからには、①公正妥当な会計上の慣行として承認されるのみならず、②その処理の基準の「公正性」と「妥当性」が一般に承認される必要がある。したがって、ここでは、次の2つのアプローチによって公正処理基準の判定がなされるものと理解しておきたい。

　①　慣行該当性アプローチ
　②　基準内容アプローチ

　要するに、①慣行該当性アプローチとは、ある会計処理が広く一般に行われることで、「慣行」として確立しているか否かの観点から判断を加えるものであり、他方で、②基準内容アプローチとは、「公正性」と「妥当性」、すなわち、適正公平な課税の実現という法人税法の趣旨目的に合致するものといえるか否かの観点から公正処理基準該当性を判定するものである。実際に、これまでの公正処理基準認定を巡って争われた裁判例の多くにおいて、これら2つのアプローチによるテストを踏んだ判断が展開されているものと解される[2]。

　例えば、所有権移転外ファイナンス・リース取引が売買に当たるか否かが争点となった事例である福岡地裁平成11年12月21日判決（税資245号991頁）は、「リース会計基準は、係争事業年度においては未だ会計慣行として確立しておらず、また、その内容も公平な所得計算の要請に合致しているとはいえないから、法人税法22条4項の公正妥当処理基準に当たるとはいえないと解するのが相当である。」としているが、①の慣行該当性アプローチと、②の基準内容アプローチの両方の観点から公正処理基準該当性を判定しているといえよう。

(3) 事例検討

ア 国税不服審判所平成14年6月10日裁決

通達がセーフハーバーとしての機能を有するか否かを論じるに当たって、上記を踏まえた上で、国税不服審判所平成14年6月10日裁決（裁決事例集未登載）を検証してみたい。本件は、通達に従った処理が法人税法22条4項にいう「一般に公正妥当と認められる会計処理の基準」に当たるとして、同法132条《同族会社等の行為又は計算の否認》の規定の適用を受けることはないとされた裁決事例である。

(ア) 事案の概要

本件は、養鶏業を営む同族会社であるＸ（審査請求人）が支払った生命保険料を、その支払った事業年度の損金の額に算入できないとしたＹ（原処分庁）の更正処分に対して、Ｘがかかる処分の取消しを求めた事案である。

国税不服審判所の認定した事実は下記のとおりである。

① Ｘが契約した生命保険契約は、以下のとおりであり、有効に成立している。

(i) Ａ保険、Ｂ保険、Ｃ保険およびＤ保険（以下、これらを併せて「本件各生命保険会社」という。）とのがん保険契約（以下「本件がん保険契約」という。）は、いずれも(a)保険契約者がＸ、(b)被保険者が役員および従業員（以下、これらを併せて「本件被保険者」という。）、(c)死亡保険金等の受取人がＸ、(d)保険期間が終身、(e)保険料の払込期間が5年以上の有期となっている。

(ii) 本件各生命保険会社との逓増定期保険特約付の生命保険契約（以下「本件逓増定期保険契約」という。）は、いずれも(a)保険契約者がＸ、(b)被保険者が本件被保険者、(c)死亡保険金等の受取人がＸ、(d)主契約部分については保険期間および保険料の払込期間が終身、(e)逓増定期保険特約部分については保険期間および保険料の払込期間が14年ないし38年までの有期となっている。

② Ｘは、本件がん保険契約および本件逓増定期保険契約（以下、これらを併せて「本件各生命保険契約」という。）に基づき、本件がん保険契約に係る生命保険および本件逓増定期保険契約のうち逓増定期保険特約部分に係る生命保険料（以下、これらを併せて「本件保険料」という。）を支払っており、当該保険料はＸの所得計算において、その全額が各事業年度の損金の額に算入さ

れている。

　　なお，本件逓増定期保険契約のうち主契約部分に係る支払保険料は，保険料積立金として資産に計上されている。
③　本件がん保険契約に係る生命保険料は，昭和50年10月6日付け直審4-76「法人契約のがん保険の保険料の取扱いについて」通達（以下「本件がん保険通達」という。）に定める「その払込みの都度損金の額に算入することが認められる生命保険料」に該当する。
④　本件逓増定期保険契約のうち逓増定期保険特約部分に係る生命保険料は，平成8年7月4日付け課法2-3「法人が支払う長期平準定期保険等の保険料の取扱いについて」通達（以下「本件逓増定期保険通達」という。）に定める前払保険料とすべき逓増定期保険に係る生命保険料には該当せず，法人税基本通達（昭和44年5月1日付け直審（法）25例規国税庁長官通達）9-3-5「定期保険に係る保険料」（以下「本件定期保険通達」という。）に定める「期間の経過に応じて損金の額に算入することが認められる生命保険料」に該当する。

　　なお，本件各生命保険契約は，年の途中で解約しても支払保険料の未経過分については払戻しがなく，解約返戻金の単純返戻率については契約年数の経過に伴い増加するものである。
⑤　保険期間が終身で満期保険金がないがん保険については，本件がん保険通達において，法人が当該保険料をその払込みの都度損金経理した場合は，その計算を認める旨定めている。また，満期保険金がない定期保険については，本件定期保険通達において，死亡保険金の受取人が法人であれば，当該定期保険契約により法人が支払った保険料の額は期間の経過に応じて損金の額に算入できる旨定めている。

(イ)　国税不服審判所の判断

「イ　法人税法上，内国法人に対して課される各事業年度の所得に対する法人税の課税標準は，各事業年度の益金の額から損金の額を控除した所得の金額とされているところ，同法第22条第3項は，内国法人の各事業年度の所得の計算上当該事業年度の損金の額に算入すべき金額は，別段の定めがあるものを除き，『①当該事業年度の収益に係る売上原価，完成工事原価その他これらに準ずる原価の額，②当該事業年度の販売費，一般管理費その他の費用（償却費以外の費用で当該事業年度終了の日までに債務の確定しないものを除く。）の額，③当該事業

年度の損失の額で資本等取引以外の取引に係るもの』とし，同条第4項は，当該事業年度の収益の額及び損金の額に算入すべき金額は，一般に公正妥当と認められる会計処理の基準に従って計算されるものとする旨規定している。

　これは，法人の所得の計算が原則として企業利益を算定する際の企業会計に準拠して行われるべきことを意味するものであるが，企業会計の中心をなす企業会計原則や確立した会計慣行は，会計処理全般にわたり網羅的かつ細目的なものとはいえないため，適正な企業会計慣行を尊重しつつ個別事情に即した課税処分を行うための考え方として，国税庁長官は基本通達及び各種個別通達を職員に対して発遣している。そのような意味から，これらの通達の内容は，法人税法第22条第4項にいう会計処理の基準を補完し，その内容の一部を構成するものということができる。

　ロ　定期保険に係る支払保険料については，当該保険契約による保険料の支払期日が到来するごとにその債務が確定するが，一般に死亡事故等の保険事故は保険期間の後半に生ずるため，実質的には保険期間の前半において支払う保険料の中には前払部分の保険料が含まれている。特に，保険期間が長期にわたる定期保険や保険期間中に保険金額が逓増する定期保険は，当該保険期間の前半において支払う保険料の中に相当多額の前払部分の保険料が含まれていることから，本件がん保険通達，本件逓増定期保険通達及び本件定期保険通達（以下，これらを「本件通達等」という。）により，支払保険料の損金算入時期に関する取扱いの適正化を図ることとしたものであり，当審判所においても当該取扱いは相当と認められる。

　そして，本件通達等の取扱いをもって本件各生命保険契約に係る本件保険料の全額が損金の額に算入されることについては，…Y及びXにおいて争いのない事実である。

　ハ　Yは，Xが本件各生命保険契約を締結し，本件保険料を支払い，本件各生命保険通達を適用して当該事業年度の損金の額に算入したことは，本件各生命保険通達の存在を奇貨として，不当に税負担を軽減するものであり，適正・公平な課税を困難ならしめることから租税回避行為に該当すると主張するが，次の理由から，当該行為は租税回避行為とはいえない。」

　「以上のとおり，Xが本件通達等の取扱いにより，本件保険料の全額を損金として会計処理したことは，法人税法第22条第4項に定める『一般に公正妥当

と認められる会計処理の基準に従っている』というべきであり，Yが本件保険料を支払った事業年度でその全額を損金の額に算入することができないとして行った各事業年度の法人税の各更正処分は，いずれもその全部を取り消すのが相当である。」

イ 検討

(ア) 事案の整理

このように，国税不服審判所は，「Xが本件通達等の取扱いにより，本件保険料の全額を損金として会計処理したことは，法人税法22条4項に定める『一般に公正妥当と認められる会計処理の基準に従っている』というべき」として，Yの処分を取り消すべきと判断した。

本件事案は，納税者側から「通達の適用があること」の主張がなされ，課税当局側が「通達の適用がないこと」を主張したものであり特徴的といえよう。

この事例において，Yは，本件各生命保険契約は，被保険者への周知が行われていないことや，平成10年12月期において本件がん保険契約に基づく被保険者の一部の者が退職しているにもかかわらず当該事業年度中に解約手続が取られていないことを理由として，従業員等の福利厚生目的で締結されたものではないと主張した。これに対して，国税不服審判所は，「これをもって従業員等の福利厚生目的ではないということはできない。」としている。また，Yは法人税法132条《同族会社等の行為又は計算の否認》の規定の適用も主張したが，「本件各生命保険契約の締結は，本件各生命保険会社との間で有効に成立した第三者取引であることから同族会社等特有の取引ではなく，Xの法人税の負担を不当に減少せしめるものとも認められず，これらは法人税法第132条第1項の同族会社等の行為又は計算には該当しないとするのが相当である。」として，Yの主張は排斥されている。

このような主張があったことから，本件事案は，保険税務と租税回避との関係を議論したものとして注目を集めているようであるが，ここでは，通達のセーフハーバーとしての機能を検討するにあたっての素材としてみたい。本件は，通達の処理に従った処理がなされていたため，法人税法132条の同族会社等の行為計算の否認規定の適用を受けずに済んだという意味において，通達がある種のセーフハーバーとして機能した事例であるという見方もできるのではなかろうか。

(イ) **事案の検討**

　まず，公正処理基準について，本件裁決は，「企業会計の中心をなす企業会計原則や確立した会計慣行は，会計処理全般にわたり網羅的かつ細目的なものとはいえないため，適正な企業会計慣行を尊重しつつ個別事情に即した課税処分を行うための考え方として，国税庁長官は基本通達及び各種個別通達を職員に対して発遣している。そのような意味から，これらの通達の内容は，法人税法第22条第4項にいう会計処理の基準を補完し，その内容の一部を構成するものということができる。」とする。これは，有力説が論じるところにも通じる箇所であり，上記で引用した金子説に則ったものとみてもよいかもしれない。

　次いで，公正処理基準該当性の判断について本件裁決を確認すると，②の基準内容アプローチについて，本件裁決は，次のように通達の処理を妥当としている。すなわち，「定期保険に係る支払保険料については，当該保険契約による保険料の支払期日が到来するごとにその債務が確定するが，一般に死亡事故等の保険事故は保険期間の後半に生ずるため，実質的には保険期間の前半において支払う保険料の中には前払部分の保険料が含まれている。特に，保険期間が長期にわたる定期保険や保険期間中に保険金額が逓増する定期保険は，当該保険期間の前半において支払う保険料の中に相当多額の前払部分の保険料が含まれていることから，…本件通達等…により，支払保険料の損金算入時期に関する取扱いの適正化を図ることとしたものであり，当審判所においても当該取扱いは相当と認められる。」とするのである。

　このように，本件通達等を，「支払保険料の損金算入時期に関する取扱いの適正化を図ることとしたもの」と捉えているとおり，前掲②の基準内容アプローチから上記の判断が示されているものと解される。もっとも，裁決が，「保険料の支払期日が到来するごとにその債務が確定するが」としている部分につき，果たして，法人税法22条3項2号括弧書きに規定される債務確定基準を乗り越えるだけの説得的な検討がなされているといえるのかという点での疑問は残されているが，一応②の基準内容アプローチによる判断がなされたものといえよう。

　これに対して，①の慣行該当性アプローチとして，本件通達等の処理が果たして十分な慣行性を有しているといえるのかについて，本件裁決は必ずしも明確な判断をしていないように思われる。通達に示された課税実務上の取扱いが

実務の中に慣行として定着する可能性もあると思われるものの[(3)(4)]，かかる処理について「慣行」と認め得るものといえるのかどうかという点の検証を無視してはならないことはいうまでもない。この点において，本件裁決は，いささか展開が性急であるように思われてならない。

(4) まとめ

本件裁決は，結論として，Xの通達に従って行った処理について同族会社等の行為計算の否認規定の適用を否定した。

公正処理基準該当性の判断に当たっては，①慣行該当性アプローチと②基準内容アプローチ両側面から検討すべきであると思われるところ，本件裁決はやや論理展開に不安も残る。しかしながら，本件裁決は，あくまでも同処理が慣行性を有するとの理解に立ち（①），その上で公正で妥当であるとの判断を示し（②），本件通達等の取扱いが，公正処理基準に該当すると認定したものであると理解しておきたい。

かような意味では，「通達の処理への準拠，すなわち，セーフハーバーである」と理解するのは早計であるといえよう。通達がセーフハーバーとなる場面は，あくまでも上記2つのアプローチによる判定をクリアし公正処理基準と認められた場合に限られるのであって，仮に，通達の処理が両アプローチをクリアできないものであれば，かかる通達の処理は公正処理基準であるとは認められず，セーフハーバーにならないものと解される。

保険契約期間は長期に及ぶため，例えば，通達の改正などがあった際に，保険契約をそもそもなかったこととして取り扱うことは到底できず，その契約内容を随時改定するなどという機動的あるいは柔軟な対応をすることも難しいものと思われる。したがって，通達を基礎として設計された保険商品は，国会を経由せず，改正が容易になされ得る国税庁の取扱いをベースとしているという点において脆弱性の高いものであるといえるかもしれない。国税庁の解釈次第で取扱いが変更されてしまうという点に十分留意する必要があろう。

もっとも，こうした際には，変更前の通達における取扱いが公正妥当な「慣行」であるとして公正処理基準に該当するか否かが重要な争点になるであろうし，さらには「慣習」として行政先例法の成立の余地が認められるケースも一概には否定できない。ただし，後者，すなわち慣習法としての行政先例法の成

立の余地が極めて狭いということは既に指摘したとおりである。あくまでも「慣行」と「慣習」は似て非なるものである。「慣行」が法人税法22条4項にいう公正処理基準として認められる可能性と比較すれば、「慣習」が法的確信をもって行政先例法として成立が認められるハードルはより高いものであるといわざるを得ないことを強調しておきたい。

少なくとも、このように解する以上、あくまでも通達という法的基盤の危ういものに基づくものにすぎないにもかかわらず、あたかも法的根拠が付与されたものであるかのごとく設計される保険商品については、税務リスクが高いということを改めて認識しておく必要があると思われる。いわば、本来リスクを手当てするためのものが保険であるにもかかわらず、税務対策的な保険商品そのものが常に多大な税務リスクを抱えているというアイロニーを内包しているともいえるのではなかろうか。

〔注〕
(1) 慣行と慣習の違いについては、酒井克彦「所得税法上の公正処理基準規定の創設―記帳に基づく申告制度へのインフラ整備―」アコード・タックス・レビュー4号1頁。
(2) この点については、酒井克彦「法人税法22条4項にいう『公正処理基準』該当性に係る判断アプローチ―東京高裁平成25年7月19日判決を素材として―」商学論纂57巻1＝2号79頁参照。
(3) 通達の取扱いが法人税法22条4項の公正処理基準となり得る理論構造を検討したものとして、酒井克彦「会計慣行の成立と税務通達（上）（中）（下）―東京地裁平成27年2月26日判決（判例集未登載）を素材として―」税務事例47巻11号1頁、同12号1頁、同48巻2号1頁参照。
(4) なお、通達の取扱いが慣行として定着し、ひいては公正処理基準として法人税法上の所得計算に影響を及ぼすことになる点は、いわゆる「逆基準性の問題」として指摘がなされることがある。かかる問題については、酒井・プログレッシブⅠ93頁参照。

18 保険料と短期前払―費用の計上時期と重要性の原則―

(1) はじめに

決算月に先1年分の生命保険料を払い込むことでその年分の納税額を減少させるなど，短期前払費用の取扱いは，実務上，決算対策としてよく利用されている。しかしながら，かかる費用の法的な計上根拠についてはあまり深い検討がなされていないのが現状ではなかろうか。この点，1年以内の短期前払費用についてその支払時点で損金算入することが認められている趣旨については，企業会計上の重要性の原則の考え方を法人税法上取り入れたものと説明されることもある。しかしながら，企業会計上の思考をいかにして法人税法が取り込むのかなど，法的な計上根拠については不明確な点が多いといわざるを得ない。課税実務上，当然のように利用されている短期前払費用に問題点はないのであろうか。ここでは，法人税法上の短期前払費用の取扱いを素材とし，企業会計原則における重要性の原則が同法上においても適用され得るのかという点に焦点を当て検討することとしたい。

(2) 法人税法と重要性の原則
ア 法人税基本通達2-2-14
(ア) 通達の認める例外とその根拠

まず，短期前払費用の取扱いを定めた法人税基本通達2-2-14（以下，「本件通達」という。）を確認する。

> **法人税基本通達2-2-14《短期の前払費用》**
> 　前払費用…の額は，当該事業年度の損金の額に算入されないのであるが，法人が，前払費用の額でその支払った日から1年以内に提供を受ける役務に係るものを支払った場合において，その支払った額に相当する金額を継続してその支払った日の属する事業年度の損金の額に算入しているときは，これを認める。

実務上多く利用されている短期前払費用の取扱いであるが，法人税法にその計上を直接認める定めが置かれていないことにまず留意しなければならない。決算対策の方法の1つとして周知の取扱いであるが，あくまで通達において触

れられているものにすぎないのである。

　なお，本件通達は，原則として，前払費用の額は損金の額に算入されないとしながら，その例外的な処理を認めている。これが短期前払費用の取扱いであるが，本件通達は何を根拠としてこのような例外を認めているのであろうか。通達は法令の解釈を行うものにすぎないのであるから，例外を認める以上，そこにも法令上の根拠がなくてはならないことはいうまでもない。

　しかしながら，短期前払費用の計上が許容される法律上の根拠は，本件通達を読んでも分からない。そこで，同通達に係る逐条解説も確認してみたい（小原・法基通逐条解説207頁）。

> (1) 本通達においては，1年以内の短期前払費用について，いわゆる期間対応による繰延経理をせずに，その支払時点で損金算入することを認めることが明らかにされている。
> 　このような短期の前払費用の処理は，企業会計上は重要性の原則に基づく経理処理ということであるが，税務上の考え方も同様の立場に立っていると理解してよいであろう。

　「いわゆる期間対応による繰延経理をせずに」と説明されているとおり，繰り返しになるが，原則は繰延経理，すなわち費用収益対応の原則（期間対応）に基づく費用計上が求められていることが理解できる。他方で，その例外が認められる理由については，「企業会計上の重要性の原則」と同様の趣旨にあるとされている。

(イ) 費用収益対応の原則と例外

　ところで，法人税法上の費用収益対応の原則の考え方については，学説や裁判例上の対立が存在し，例えば，次のようなものがある。

> ① 法人税法22条《各事業年度の所得の金額の計算》4項を根拠とする説：公正処理基準根拠説
> ② 法人税法22条3項1号を根拠とする説：1号根拠説
> ③ 法人税法22条3項1号および2号を根拠とする説：1号2号根拠説
> ④ 条理を根拠とする説：条理説

　このように，法人税法上の費用収益対応の原則については学説等によりその論拠は異なるものの，いずれにせよ，法人税法においても費用収益対応の原則が妥当することには変わりはないものとして理解しておきたい（法人税法上の費

用収益対応の原則については，🔍**19**―162頁参照）。

　すなわち，法人税法においても費用収益対応の原則が妥当することを前提とすれば，前払費用は費用収益対応の要請の下，原則として損金の額に算入されないとするのが法人税法の基本に沿った処理であろう。なるほど，上記通達も「前払費用…の額は，当該事業年度の損金の額に算入されないのであるが」としており，原則として前払費用の損金該当性を否定しているとおりである。

　したがって，「短期前払費用」とは，費用収益対応の原則の例外的処理であると位置付けることができるであろう。そして，かかる処理が認められる根拠として，企業会計における重要性の原則同様に，法人税法上も同様の立場に立っていると解されていることは，前掲の逐条解説からも見て取ることができよう。

　なお，企業会計原則にいう重要性の原則は，あくまでも会計上の原則であって，法律ではない。法律の根拠なくして課税はなされないとする租税法律主義の大前提に従えば，法律ではない会計上の原則が，直接法人税法における所得計算に影響を及ぼすという考え方は採用することができない。

　そうした中，短期前払費用の根拠条文を挙げるとすれば，法人税法22条《各事業年度の所得の金額の計算》4項，すなわち公正処理基準に基づいて損金算入が認められると理解すべきであろうか。他方で，法人税法上の費用収益対応の原則の論拠を，公正処理基準根拠説に求めず，法人税法独自の思考として，例えば，法人税法22条3項1号もしくは2号を根拠と捉えるのであれば（上記②1号根拠説や，③1号2号根拠説），あくまで期間対応に基づく損金不算入の原則は，法人税法固有の要請に基づく処理ということになる。したがって，これに対する例外的処理の根拠についても同様，法人税法独自の根拠を探す必要があろう。

　仮に，企業会計上の重要性の原則を直接法人税法に持ち込んだものであるとすれば，法人税法固有の要請を会計上の思考でオーバーライドすることになりはしないか。法人税法22条4項の公正処理基準によって，同法22条3項2号に基づく法人税法固有の処理の適用を排除すると解することには疑問を抱かざるを得ない。加えて，仮にそれが許容されるとしても，重要性の原則が，そもそも法人税法22条4項にいう公正処理基準といえるのかという問題を検討する必要があろう。なぜなら，公正処理基準に当たらなければ，当然，法人税法の原則をオーバーライドすることはできないからである。

すなわち，ここでの疑問は2つある。1つは，公正処理基準によって，同法22条3項2号に基づく法人税法固有の処理の適用を排除することができるのか否かであり，もう1つは，会計上の重要性の原則の公正処理基準該当性である。

イ　2つの疑問
㈦　企業会計のオーバーライドの可能性

まず，1つ目の疑問であるが，この点は法人税法の条文構造上，かろうじて解決が可能であるかもしれない。

法人税法22条4項は，「前項各号に掲げる額は，一般に公正妥当と認められる会計処理の基準に従って計算されるものとする」としているから，企業会計における処理の基準が公正処理基準に該当するのであれば，一応，同法22条3項2号の費用の額を規律することはあり得よう。

なお，法人税法は，企業会計そのものに直接準拠するわけではなく，あくまで商法・会社法を経由して，企業会計の処理基準に影響を受けると解するべきである（三層構造。三層構造については，酒井・プログレッシブⅠ58頁参照）。つまり，ある企業会計の処理基準が，商法19条1項にいう「一般に公正妥当と認められる会計の慣行」，または会社法431条にいう「一般に公正妥当と認められる企業会計の慣行」に該当するのであれば，通常それは公正処理基準として，法人税法上の所得計算にも影響を及ぼすことになる（その例外については，後述する。）。

したがって，ある企業会計の処理が，「一般に公正妥当と認められる会計の慣行」に該当するのであれば，三層構造の理解の下，当該処理は公正処理基準として，法人税法上の所得計算に影響を及ぼすものと解することができ，上記1つ目の疑問については，法人税法の条文構造からしても説明が可能であろう。

むしろ，問題は，こうした理解の上で，企業会計上の重要性の原則が，法人税法22条4項にいう公正処理基準たり得るかではなかろうか。なお，国税当局はじめ課税実務では，企業会計における重要性の原則も公正処理基準の1つと考えているようにも思われるので，検討してみたい。

㈥　企業会計上の重要性の原則の公正処理基準該当性

(a)　**企業会計上の重要性の原則**　　この点，企業会計における重要性の原則が公正処理基準たり得るかについては見解が分かれるかもしれない。前述のとおり，課税実務上は公正処理基準の一部と捉えているようであるが，議論の前提として，そもそも企業会計上の重要性の原則とは何かを確認しておきたい。

18 保険料と短期前払—費用の計上時期と重要性の原則— 155

　重要性の原則は，企業会計原則の一般原則ではなく，あくまで注解原則にすぎないことにまず留意すべきである。

> 〔注1〕重要性の原則の適用について（一般原則2，4及び貸借対照表原則1）
> 　企業会計は，定められた会計処理の方法に従って正確な計算を行うべきものであるが，企業会計が目的とするところは，企業の財務内容を明らかにし，企業の状況に関する利害関係者の判断を誤らせないようにすることにあるから，重要性の乏しいものについては，本来の厳密な会計処理によらないで他の簡便な方法によることも，正規の簿記の原則に従った処理として認められる。

　企業会計においても，本来は子細な取引であってもあますことなく記録するべきものと思われるが，その企業の会計処理能力や，計算の経済性などに鑑み，財政状態や経営成績の開示に与える影響を考慮した上で，不都合がない場合に限って簡便な処理を許容する会計上の思考が重要性の原則であるといえよう。すなわち，些細なものも含めすべての処理を記載するために要するコストと，そこから得られるベネフィットを比較衡量した結果が，会計上の重要性の原則であると解される。

　(b)　**法人税法における少額省略**　租税法は課税要件を設け，かかる課税要件を充足すれば，当然に納税義務が発生することになる。その際，租税法律主義の要請である合法性の原則により，法に定められた課税要件を充足する以上，たとえ国であっても，その納税義務を免除したり軽減したりすることは許されない。このように，租税法は厳密な納税額の算定に重きを置くことで，課税の公平を実現しているのであって，たとえその金額が少額であったとしても，自由な裁量でそれを変更することは到底許されるべきではなかろう。

　もちろん，租税法領域においても一定の範囲で少額省略の考え方が用いられている部分がないわけではない。例えば，課税標準を計算する場合において1,000円未満の端数があるときはこれを切り捨てることとされているし（通法118①），国税の確定金額に100円未満の端数がある場合などもこれを切り捨てることとされている（通法119①）。このように，租税法においても少額省略に係る取扱いはあるが，これもあくまでも「法定」されていることを看過してはならない。課税の公平を害さないと解される範囲で法が特別に認めた少額省略であって，決して納税者の自由裁量による判断の結果で課税標準や税額を変更できるものではない。すなわち，租税法律主義の下，租税法領域においては，いか

に少額のものであっても，法によらない限り省略は許容されないのである。この点は，企業会計上の重要性の原則的思考と大きく異なる部分といえよう。

(c) **重要性の原則と公正処理基準**　課税の公平という租税法の趣旨を考えれば，重要性の原則を法人税法22条4項にいう公正処理基準として認めていいのか疑問を抱かざるを得ない。租税法が，少額なものの省略1つとっても法定化していることに鑑みれば，企業会計上の重要性の原則をそのまま受け入れることには抵抗を覚えるのである。

なお，前述のとおり，法人税法はあくまで商法・会社法に準拠するのであるから，そもそも，商法・会社法が，企業会計上の重要性の原則を「一般に公正妥当と認められる会計の慣行」と認めないのであれば，法人税法もそれに準拠することにはならない。

しかしながら，商法・会社法の目的は債権者保護であって，投資家等利害関係者を保護するための企業会計と大きくかけ離れた趣旨にあるわけではないことからすれば，いずれにせよ，「企業の利害関係者の保護」を目的とするという観点に立てば，商法・会社法において，重要性の原則がその埒外にあるとは考え難いようにも思われる。

そうであるとして，重要性の原則を商法・会社法が認めるものと仮定した場合，同原則はやはり法人税法22条4項の公正処理基準と認めるべきであろうか。上述のとおり，租税法の本来の趣旨に鑑みると，重要性の原則が法人税法上の計算原理として働くことには強い不安を覚えざるを得ないのである。

(3) 正規の簿記の原則と重要性の原則
ア　正規の簿記の原則に包含された重要性の原則

以上のように，租税法の趣旨に鑑みれば，会計学上の重要生の原則は，商法・会社法を経由したとしても，法人税法における計算原理とすることには躊躇せざるを得ない。しかしながら，はたして本当にその適用は許されないのであろうか。短期前払費用の取扱いがもはや実務上当たり前の処理になっていることは既に述べたとおりであるが，そうであるとするならば，別のアプローチでその適用の可能性を探る必要性があるようにも思われる。この点，重要性の原則が正規の簿記の原則のうちに含まれるものと捉え，かかる正規の簿記の原則を法人税法が承認するというアプローチは検討できないのであろうか。

重要性の原則は，企業会計原則の構造上，一般原則である正規の簿記の原則の注解原則と位置付けられているわけであるから，正規の簿記の原則に従うとするときに，重要性の原則も包含されているものと考えることは正しいだろう。このように，重要性の原則を直接法人税法へ適用しようとするのではなく，正規の簿記の原則に包含されたものとして同法の計算原理に組み込むのであれば，重要性の原則を法人税法へ適用することへの上記の問題を解決できるのではなかろうか。

イ　正規の簿記の原則と法人税法

　会計学において，簿記上の取引とは，資産，負債，資本の金額に変動を及ぼす一切の事象等といわれることが多いが，法人税法上も，簿記原則に従い取引の記録を要請している場面があるから確認しておきたい。

> **法人税法施行規則53条《青色申告法人の決算》**
> 　法第121条第1項（青色申告）の承認を受けている法人…は，その資産，負債及び資本に影響を及ぼす一切の取引につき，複式簿記の原則に従い，整然と，かつ，明りように記録し，その記録に基づいて決算を行なわなければならない。

　法人税法上の「取引」の意義については，いわゆるオープンシャホールディング事件最高裁平成18年1月24日第三小法廷判決（集民219号285頁）において，同法22条2項にいう「取引」の意義が争われたことが有名である。なお，かかる事案では，同条項の「取引」について，会計学上の取引，すなわち簿記上の取引である旨を主張する学説もあったが，同最高裁は「取引」の意義をそれよりも広く解する旨判示した。

　しかしながら，何も同条項に限らず，法人税法施行規則53条においても「取引」という用語が使用されている。この点，同条における「取引」は，法人税法22条2項の「取引」に比べると限りなく企業会計における「取引」に近しいものと解される。すなわち，法人税法施行規則53条が，「その資産，負債及び，資本に影響を及ぼす一切の取引」としているとおり，これは会計学上の取引もしくは簿記上の取引概念と限りなく近いものといえるのではなかろうか。

　このように，法人税法施行規則53条の「取引」と会計上の「取引」が親和性を有する点を考慮すれば，重要性の原則が正規の簿記の原則に含まれるとされた上で，公正処理基準として法人税法上の計算原理として承認されることはあり得よう。もっとも，同法施行規則53条は，あくまで「複式簿記の原則」とし

ており,「正規の簿記の原則」とはしていないので,法人税法上の簿記原則と,会計学上の簿記原則が完全に一致しているとは言い切れない。とはいえ,おおよそ,それらは同様のものと解されているので,少なくとも青色決算法人についていえば,重要性の原則を包含した正規の簿記の原則が,公正処理基準として法人税法上の所得計算に影響を与えることもあり得ると解することもできよう。

このように解せるのであれば,本件通達の解釈が妥当でないとは言い切れないことになる。

(4) 事例検討
ア 高松地裁平成7年4月25日判決
(ア) 事案の概要

X(原告)は保険会社と契約していた介護費用保険について,一時払保険料を全額損金処理していたところ,税務署長Y(被告)は,一時払介護費用保険料は保険料払込期間を加入時から75歳に達するまでの期間と仮定して,その期間の経過に応じて,期間経過分の保険料についてのみ損金算入するべきとして更正処分等を行った。

(イ) 判決の要旨

「介護費用保険の保険料が一時払の方法で支払われた場合,法人税法上,これを全額当該事業年度の福利厚生費として損金に算入することの可否については,別段の定めがないので,一般に公正妥当と認められる会計処理の基準に従って算定される(法人税法22条4項)。

そして,そこにいう一般に公正妥当と認められる会計処理の基準の中心をなすのは,企業会計原則等の計算規定であり,これに確立した会計慣行も含まれる」。

「一般的な保険契約においては,…企業会計原則上,一般に次のとおり理解されている。…前払費用は,一定の契約に従い,継続して役務の提供を受ける場合,いまだ提供されていない役務に対し支払われた対価をいい,こうした対価は,時間の経過とともに次期以降の費用となるものであるから,これを当期の損益計算書から除外するとともに貸借対照表の資産の部に計上しなければならない(企業会計原則注解5,経過勘定項目について)。

したがって，保険契約から生ずる役務提供とその対価のずれを調整し，期間損益計算の適正を図るためには支払保険料のうち次期以降の期間の役務提供と対応すべき金額を前払費用に計上する必要がある。

　なお，重要性の原則から，重要性の乏しいものは本来の厳密な会計処理によらないで他の簡便な方法によることも正規の原則〔筆者注：「正規の簿記の原則」か〕に従った処理であり，その適用例として，前払費用，未収収益等のうち重要性の乏しいものについては経過勘定項目として処理しないことができる（企業会計原則注解1，重要性の原則の適用について）。しかし，これは，企業の財務内容を判断するに当たり，重要な影響がないことを前提として適用される。したがって，右原則を適用して，貸借対照表，損益計算書上省略できるか否かは，貸借対照表，損益計算書上の金額と前払費用に計上すべき金額を対比し，その重要性（利益の額，総資産額等への影響）を個別的に判断して決するべきものである。」

　「解約返戻金の取扱い…は，…役務提供の程度が時の経過に対して均等ではないこと，しかし他方，保険料の支払額が保険料支払期間を通じて年額又は月額で一定になるよう設計されている（平準化）…。したがって，一時払の方法により支払われた本件保険料は，収益に対応する費用として適正に期間配分する必要がある。本件保険料のうち係争事業年度の発生費用に該当する部分が期間費用（福利厚生費）として損金に算入されることになり，この期間費用につき，前払費用について…，当期の期間費用と次期以降の費用とを区別するべきであるから，係争事業年度の期間費用のほか，次期以降の事業年度の費用となる前払費用が含まれることになる（なお，重要性の原則については，前記1記載のとおりであり，本件保険料が重要性の乏しいものであれば，前払費用部分も含めて，係争事業年度の発生費用として全額損金算入も可能であるが，本件介護費用保険の保険料の前払費用部分の金額は，Xの企業形態からして極めて高額であり，重要性がないとは到底いえないというべきである。）。

　また，一時払であっても，解約返戻金が存在する本件の場合，純粋に保険効果を期待して契約するだけではなく，投資的な効果も期待しているとみるのが相当である。そうすると，支払保険料は純粋に保険効果を期待した部分と投資的効果を期待した部分からなるといえるので，後者の部分について支払時に一括して損金処理することは考えられないというべきである。」

高松地裁は，このように説示して，Xの行った一括損金算入の処理を否定した（確定）。

イ　検討

本件判決は，介護費用保険の保険料の損金算入については公正処理基準に従うとした上で，期間損益計算の適正を図るため，支払保険料のうち次期以降の期間の役務提供と対応すべき金額については前払費用に計上する必要があるとして，費用収益対応の原則に従った原則的取扱いを示している。なお，重要性の原則については，「企業の財務内容を判断するに当たり，重要な影響がないことを前提として適用される。」としているとおり，会計学上の重要性の原則を意識しているものといえよう。

結論として，役務提供の程度が時の経過に対して均等ではないのに対し，保険料が平準化されている保険契約に関して一時払いされた本件保険料は，費用収益を適正に期間配分し対応させる必要があるとして，「前払費用について…，当期の期間費用と次期以降の費用とを区別するべきである」と判示した。

なお，本件判決は，「重要性の原則については，…本件保険料が重要性の乏しいものであれば，前払費用部分も含めて，係争事業年度の発生費用として全額損金算入も可能であるが，本件介護費用保険の保険料の前払費用部分の金額は，Xの企業形態からして極めて高額であり，重要性がないとは到底いえないというべきである。」としており，Xの企業形態からその重要性の度合いを判断するべきとしているが，これは会計学上の重要性の原則の思考を，法人税法における所得計算に取り入れたものと解することができよう。もっとも，会計学上の重要性の原則が，いかにして法人税法上の計算原理として働いているのかについての根拠は，本件判決において明らかにはされていない。

(5)　まとめ

法人税法から本件通達の解釈を導出できるのかと考えたとき，少なくとも青色決算法人については一応の説明ができると考えている。なお，この場合，三層構造の下，企業会計上の重要性の原則をそのまま公正処理基準として法人税法に組み込むのではなく，あくまで，重要性の原則を包摂した正規の簿記の原則の要請を，法人税法が許容するという形での理解が妥当であろう。ただし，ここでは，企業会計上の重要性の原則がいかなる場合も法人税法上認められる

わけではないことにも留意しておきたい。

　本件において，高松地裁は，何らの検討なしに，重要性の原則を法人税法の計算原理として持ち込むことができるように判示しているところ，理論的には，正規の簿記の原則を構成する1つとして，法人税法に影響を与えるものと理解すべきであろう。

　なお，企業会計上の重要性の原則には，金額の重要性と項目の重要性という2つの重要性が存在するとともに，ここでは触れることができなかったが，1年という期間のルールの妥当性などについて残された課題もあることを指摘しておきたい。

　前払費用の額が多額である場合でも，1年のルールにさえ沿っていれば実務上問題ないというのであれば，それは誤りであろう。通達はあくまで行政庁内部での処理の統一を図るものであるから，本件通達を根拠として，適正公平な課税に反するほどの，多額の短期前払費用の計上がなされるのであれば，それが認められるべきではないと解される。

　もちろん，金額が大きい以上，そもそも重要性が高いことを意味するとすれば，企業会計上の重要性の原則の土俵に乗ってこないことになり，本件通達の適用対象外になるのかもしれないが，実務上その区別が曖昧であることに，租税専門家は十分留意しておくべきではなかろうか。

19　保険金収益および保険事故損失の計上時期—費用収益対応の原則—

(1) はじめに

　盗難による損害発生を原因とする保険金収入について，盗難損失を計上すべき事業年度に同時に益金として計上すべきとされた事例がある。これは，費用収益対応の見地および権利確定主義の観点から，盗難発生時に直ちに権利が確定したものとしてなされた判断である。

　他方で，保険事故損失の計上は保険金収益との対応関係で捉えるべきであるから，保険金収益の計上時期に合わせて損失を計上すべきと判断された事例もある。

　これらの事例は，保険金収益や保険事故損失の計上が，費用収益対応の原則によって決せられるとの考え方によるものであるが，そもそも，同原則は保険金収益の計上や保険事故損失の計上に関わりをもつのであろうか。

　ここでは，保険税務上の処理に当たって，費用収益対応の原則がいかなる意味をもつのかについて，法人税法上の根拠に検討を加えつつ考えてみたい。

(2) 費用収益対応の原則の適用問題

ア　費用と収益の対応

　費用と収益を「対応」させる場合，2つのアプローチが考えられる。すなわち，収益をまず決定させてそれとの関係をもって費用を決定する方法と，それとは反対に，費用をまず決定させてそれとの関係をもって収益を決定する方法の2つである。

　我が国の会計基準では，原則として実現主義で計上された収益に，原価配分の原則に従って配分された発生費用を対応させる方式が採用されている。したがって，事実上は前者のアプローチが採用されているといえよう（企業会計原則第23B）。発生主義により認識された費用のうち，期間収益との対応関係によって捕捉されたものが期間費用となるのである。そして，当期の期間収益と対応するとされた費用については損益計算書において利益計算の対象とされる一方，当期の期間収益と対応しないと判断された費用については，未消費原価として

貸借対照表の資産に計上され，翌期以降に繰り越されることとなる（岡本治雄『会計と財務諸表分析』207頁（唯学書房2014））。

そうであるとすれば，「費用収益対応の原則」というよりは，むしろ「収益費用対応の原則」と呼ぶ方が忠実であるようにも思われるところ，例えば，広瀬義州教授は，「収益に原価を対応させるのが原義であるので，『収益原価対応の原則』と呼ぶ方が対応原則の趣旨を的確に表しているともいえよう」とされ（広瀬義州『財務会計〔第13版〕』450頁（中央経済社2015）），また，醍醐聰教授も「収益費用対応の原則」とされているように見受けられる（醍醐聰『会計学講義〔第4版〕』228頁（東京大学出版会2013））。他方，武田隆二教授や桜井久勝教授などは，基本的に「対応原則」と呼ばれているようであり（武田隆二『最新財務諸表論〔第11版〕』324頁（中央経済社2008），桜井久勝『財務会計講義〔第17版〕』75頁等（中央経済社2016）），学説上，用語の使用方法に係る統一的な見解が確立されているわけではないようである[1]。

イ　費用収益対応の原則の法的根拠

費用収益対応の原則の法人税法上の根拠はどこにあるのであろうか。この論点については，差し当たり4つの見解が考えられる。

① 公正処理基準根拠説
② 1号根拠説
③ 1号2号根拠説
④ 条理説

(ア)　公正処理基準根拠説

第一に，法人税法22条《各事業年度の所得の金額の計算》4項の要請であると考える見解として，公正処理基準根拠説を挙げることができる。ここでは，これを便宜的に「公正処理基準根拠説」と呼ぶこととしたい。この考え方は，費用収益対応の原則を法人税法の独自の規定から説明するものではなく，また，同法にア・プリオリにある原則と捉えるものでもない。費用収益対応の原則は，法人税法22条4項にいう「一般に公正妥当と認められる会計処理の基準」，すなわち公正処理基準に該当するため，法人税法上の計算原理になるとの考え方である。

(イ)　1号根拠説

次に，法人税法22条4項とは異なるところから導かれる同法固有の要請と捉

える見解があり得よう。

　この第二の見解は，同条3項1号の「当該事業年度の収益に係る売上原価，完成工事原価その他これらに準ずる原価の額」の「当該事業年度の収益に係る」という規定振りから費用収益対応の原則を説明しようとするものである（水野・大系401頁）。すなわち，同条4項とは別に，法人税法が自ら費用収益対応の原則を規定していると考える立場である。

　上記の公正処理基準根拠説が，費用収益対応の原則を，法人税法に内在するものではなく，あくまでも公正処理基準として法人税法22条4項を通じて法人税法上の計算ルールとされるものと考えるのに対して，この考え方は，そもそも法人税法に内在するプロパーの原別であると考える立場である。これをここでは，「1号根拠説」と呼ぶこととする。

　この見解によれば，例えば，所得税法37条《必要経費》1項が，「これらの所得の総収入金額に係る売上原価その他当該総収入金額を得るため直接に要した費用の額」を必要経費に算入すべき金額と規定していることから，法人税法22条3項1号と同様に，所得税法上も費用収益対応の原則が要請されているとみることを可能とする。所得税法においては，法人税法22条4項のような企業会計準拠主義が設けられていないため，公正処理基準根拠説では法人税法上の費用収益対応の原則については説明ができたとしても，所得税法上のそれを説明できないという不都合が生じることになる。この点，1号根拠説によればその点を克服することが可能となる（後述）。

　(ウ)　**1号2号根拠説**

　第三の見解は，1号根拠説の考え方に類似するが，法人税法22条3項1号が「収益に係る」と規定して「原価」の個別対応を要請していることに加え，これに限定されることなく，同条3項2号が「当該事業年度の」費用の額と定めていることから，「費用」に関しても期間対応としての費用収益対応の原則が要請されていると考える見解である。

　これをここでは，「1号2号根拠説」と呼ぶこととする。

　これら以外にも，費用収益対応の原則が法人税法上の「条理」であるとする条理説もあるとは思われるが，ここでは，条理説以外の3つの見解に的を絞って検討することとしたい。

ウ　3つの見解の対立

　公正処理基準根拠説によれば，費用収益対応の原則は損金全般に及ぶとする見解に結び付きやすい。これに対して，1号根拠説によれば，同原則は，売上原価や製造原価についての個別対応の説明を容易にし，1号2号根拠説に従えば，費用収益対応の原則の適用は，原価の個別対応に加え費用の期間対応についての説明も可能にする。

　法人税法は，「原価」と「費用」を異なる概念として規定しているところ，「費用収益対応の原則」というネーミングによれば，原価の問題は対象外とされそうであるが，1号根拠説や1号2号根拠説では，むしろ，費用収益対応の原則は原価の認定にも意味を有することになる。

　しかしながら，この議論は，費用収益対応の原則が原価のみに限定されると解するか，あるいは，費用や損失についても適用されるのかについての問題にとどまらない。公正処理基準根拠説によると，費用収益対応の原則とは公正処理基準としての「原則」と位置付けられるのに対して，仮に1号根拠説や1号2号根拠説による場合，費用収益対応の原則は法人税法が独自に有する考え方と解されることになるのであり，かかる相違をより重要視すべきではなかろうか。

　金子宏教授は，費用収益対応の原則の根拠を法人税法22条4項によるとしている（金子・租税法336頁）。そして，法人税法上の費用収益対応の原則とは，「期間対応の原則」と「個別対応の原則」の2つを指すとされる。期間対応の原則は，法人税法22条3項2号にいう「費用」に関するものであり，個別対応の原則は，同条3項1号の「原価」に関するものである。このような理解は，課税実務においても採用されているものといえよう。

　法人税法22条4項の公正処理基準が，同法22条3項1号のみならず，2号にも及ぶものであることからすれば，公正処理基準根拠説によれば，1号根拠説のように個別対応の原価のみならず，期間対応の原価についても説明を行うことができる（なお，1号2号根拠説による場合，期間対応の原価についても説明を行うことが可能である。）。

　租税法の通説は，費用収益対応の原則を個別対応の原則のみならず，期間対応の原則にも及ぶと捉えているのであるが，公正処理基準根拠説による説明には疑問も生じ得る。また，公正処理基準根拠説からは，費用収益対応の原則が

法人税法22条3項3号にいう「損失」についても及ぶと理解することも可能であるが，果たしてかかる理解は妥当であろうか。損失については，一般的に収益との対応関係を見出すことが難しいことからすれば，この辺りの解釈の妥当性についてはさらなる検討が必要となろう。

(3) 1号2号根拠説の妥当性
ア 1号2号根拠説の考え方

前述のとおり，法人税法上の費用収益対応の原則は，個別対応（直接対応）のそれと期間対応（間接対応）のそれに分類することができる。ここで，1号2号根拠説によれば，前者については1号根拠説と同様，法人税法22条3項1号の「当該事業年度の収益に係る」という文言を根拠として個別対応を説明するとともに，後者については，同条項2号の「当該事業年度の」費用の額と定めていることを根拠に期間対応を説明することが可能である（増井良啓『租税法入門』238頁（有斐閣2014））。

もっとも，「当該事業年度の」という文言を根拠に，2号の費用の額についても費用収益対応の原則が適用されると説明する場合，3号の「損失の額」についても同原則の適用を排除し得ないことにもなる。しかしながら，この点は，2号に「前号に掲げるもののほか」との表現が用いられていることから，2号には，1号の「収益に係る」という考え方が及ぶと理解することによって，原価の額（1号）および費用の額（2号）についてのみ同原則の適用があるものと理解することができよう。このように，1号2号根拠説は，公正処理基準根拠説とは異なり，個別対応，期間対応の別に実定法上の根拠を有するとするものであり，かつ，「損失については法人税法上の費用収益対応の原則は働かない」と理解する説である。

イ 所得税法との整合性

公正処理基準根拠説によると，所得税法上の費用収益対応の原則を説明することができない。なぜなら，所得税法には，法人税法22条4項の公正処理基準のような企業会計準拠主義が用意されていないからである。したがって，通説である公正処理基準根拠説によるのであれば，所得税法上の費用収益対応の原則についての法的根拠に係る問題が依然として残されることになろう。

この点，1号2号根拠説を基礎とすれば所得税法37条《必要経費》1項を解釈

することもできないわけではない。例えば，増井良啓教授は，所得税法37条1項についても費用収益対応の原則の要請が働くとされる。すなわち，収入との間で個別対応（直接対応）する原価が，「総収入金額に係る売上原価その他当該総収入金額を得るため直接に要した費用の額」とされ，期間対応（間接対応）の関係にある費用が，「その年における販売費，一般管理費その他これらの所得を生ずべき業務について生じた費用…の額」であると説明される（増井・前掲書137頁）。このように考えると，同じ所得課税法における法人税法と所得税法上の費用収益対応の原則を，同様の解釈で説明することが可能となり，1号2号根拠説はその意味において整合的であるといえよう。

したがって，この立場からすれば，費用収益対応の原則について，企業会計原則等の会計学上の諸規則に則ったものであると説明する必要がなくなるのである。この見解においては，費用収益対応の原則は，所得課税法たる法人税法および所得税法固有の要請であると説明されることになろう（酒井・論点研究396頁）。

(4) 事例検討
ア　大阪地裁平成16年4月20日判決
(ア) 事案の概要

海洋機器，日用雑貨等の輸出入および国内販売等を目的とする会社であるX（原告）は，S海上保険との間で所有する自動車（以下「本件車両」という。）について自家用自動車総合保険契約を締結していた（以下「本件保険契約」という。）。

Xは，平成13年7月22日，本件車両が盗難に遭ったため，S海上に対し本件保険契約に基づき車両保険金の支払を請求した。S海上は，同年8月31日，Xに対し，969万円（全損盗難950万円，臨時費用10万円および盗難代車費用9万円）の保険金を支払う旨の通知をした。S海上は，同年9月4日までに上記保険金をX口座に振込送金した。

Xは，本件車両の盗難損失937万6,000円を，平成13年7月期の損金に計上し（ただし，S海上からの保険金の支払については同期の益金に計上しなかった），法人税の確定申告をした。なお，Xは，保険金969万円を翌平成14年7月期の益金に計上した。

税務署長Y（被告）は，Xに対し，本件車両の盗難損失は平成13年7月期の損

金に含まれないとして，本件各処分を行った。本件は，Ｘがこれを不服として提訴した事例である。

(イ) **判決の要旨**

大阪地裁平成16年４月20日判決（税資254号順号9633）は次のように判示した。

「(1) 盗難による損害は，法22条３項３号の損失に該当し，その事実が生じた時点で被害者である法人の資産を減少させるものであり，その時点で損失を認識することができるから，その損害額は，基本的には，盗難の事実があった日の属する事業年度の損金の額に算入すべきことになる。

一方，法人がその資産について損壊・消滅等の保険事故による損害を補てんするために損害保険を付している場合は，その資産が損壊・消滅したときに，それを原因として保険金が支払われることになる。この場合の保険金は，資産の消滅等を原因として，その事実に基づいて支払われるものであって，資産の消滅等による対価ともみられるので，保険事故の発生も資産の譲渡に準じて考えることができ，保険金請求権を行使することによって取得すべき保険金額は，同条２項の資本等取引以外の取引に係る収益の額に該当するものと解され，かつ，適正な期間損益の算定という観点からは，費用収益対応の原則に準じて，盗難損失との間に収支対応の関係を認めることができる。

(2) 法22条は，益金の額に算入すべき金額は，別段の定めがあるものを除き，資産の販売，有償又は無償による資産の譲渡又は役務の提供，無償による資産の譲受けその他の取引で資本等取引以外のものに係る当該事業年度の収益の額とするものとし（同条２項），当該事業年度の収益の額及び損金の額は一般に公正妥当と認められる会計処理の基準に従って計算すべきものと定めている（同条４項）。企業会計原則においては，『すべての費用及び収益は，（中略）その発生した期間に正しく割当てられるように処理しなければならない。ただし，未実現収益は，原則として，当期の損益計算に計上してはならない。』（第２損益計算書原則１のＡ）とされており，現金主義に対する意味における発生主義の原則が定められるとともに，未実現収益の計上が禁止されている。また，法22条３項２号は，費用について，当該事業年度終了の日までに債務の確定しないものを除くとしている。したがって，法人税に関し収益を計上すべき事業年度については，所得税法と同様，収入すべき権利が確定した時の属する事業年度の益金の額に算入すべきものと考えられる（いわゆる権利確定主義。最高裁判所平成５年11

月25日第一小法廷判決・民集47巻9号5278頁参照）。そして，権利の確定とは，権利の発生に加え，権利の実現の可能性が客観的に認識し得る状況になることを意味し，取引の経済的実態から合理的な収益計上基準を是認する余地はあるものの，基本的には，法律上権利の行使が可能となった時点をいうものと解される。

　損失と収益とが同一原因によって生ずるものである場合にも，それぞれ独立して確定すること自体は否定されないとしても，盗難による損害発生を原因とする保険金収入については，その損害発生時に法人は保険金請求権を取得する上，本件のような自動車損害保険契約において，保険金請求権を行使することができるのは保険事故発生の時からであること，保険金支払額は保険契約によって定められていること，真実盗難による損失が発生した場合であれば，保険会社が保険金支払債務を履行しない，又は履行できない可能性はほとんど考えられないことからすると，一般的には，保険金請求権は盗難発生と同時に発生し，権利の実現の可能性が客観的に認識し得る状況になったということができる。したがって，一般的には，保険金請求権は，盗難発生時に直ちに確定したものとして，盗難損失を計上すべき事業年度に同時に益金として計上すべきものである。

　…前記のとおり，保険金請求権は保険契約によってその発生及び内容が定められていること，保険金支払債務の履行の可能性が極めて高いことから，あらかじめ保険金収入を予測することが可能であり，原則として，盗難発生と同時に権利内容の確定した保険金請求権が発生し，行使が可能になったものと解されるから，保険金収入を盗難損失と同一事業年度の益金として計上すべきである。…以上によれば，原則として，損失及び保険金収入は同一事業年度に計上するのが相当である。」

　イ　検　討
　㈦　本件判決の整理
　本件判決は，費用収益対応の原則を益金計上のタイミングの判断基準として捉えているように思われる。すなわち，法人税法22条2項の問題としてであるが，費用収益対応の原則を収益計上の基準として捉える考え方の是非がまず問われなければならないのではなかろうか。前述のとおり，費用収益対応の原則とは，ネーミングは一先ず措いておいたとしても，その本来的な趣旨は収益に費用を対応付けるものであるはずのところ，本件判決は，この辺りの位置付け

が逆転しているようにも見受けられ，問題があるようにも思われるのである。

　なお，本件判決は，「当該事業年度の収益の額及び損金の額は一般に公正妥当と認められる会計処理の基準に従って計算すべきものと定めている（同条4項）。企業会計原則においては，『すべての費用及び収益は，（中略）その発生した期間に正しく割当てられるように処理しなければならない。ただし，未実現収益は，原則として，当期の損益計算に計上してはならない。』（第2損益計算書原則1のA）とされており…」とするように，公正処理基準根拠説によっているものと解される。

　(イ)　**類似事例との検討**

　なお，本件判決に類似する事例として，婦人既製服輸入業を営む同族法人である審査請求人（以下「請求人」という。）が所有する車両の盗難による損失の計上時期および当該盗難車両に係る保険金収入の計上時期が争点とされた国税不服審判所平成15年2月6日裁決（裁決事例集65号366頁）がある。同裁決も本件判決と同様，費用収益対応の原則の観点から損失の計上時期を判断している。

　すなわち，「適正な期間損益の算定という観点からは，企業会計上の費用収益対応の原則に準じて，当該損失と当該保険金との間に対応関係を求めることが，法人税法第22条第4項にいう『一般に公正妥当と認められる会計処理の基準』によった処理ということになる。したがって，資産に損害保険が付されている場合においては，災害等による損失は，損失額を補てんする保険金の額が確定するまで仮勘定とし，その保険金の額が確定した日の属する事業年度において処理することが妥当である。なお，この場合でも，保険契約の内容等に照らして受け取るべき保険金の額が確定しているときは，保険会社から支払われる保険金額の通知等がなくても，その金額が確定した時点において，当該保険金を収益に計上し，同時に，災害等の損失を計上すべきである。」とし，結果的に損失の先行計上を否認した。

　もっとも，この判断は，一見したところ本件判決と真逆の結論を導出しているようにも解されるであろう。先の判決が「益金の早期計上」を求めたのに対し，上記裁決は損金の先行計上を否認，すなわち，「損金の計上を遅らせるべき」としている。この点，先の判決が損失を基準として保険金収入の計上時期を決したものとすれば，上記裁決は，保険金収入を基準として損失の計上時期を判断したものといえよう。

しかしながら，両事案はどちらも企業会計における「費用収益対応の原則」を益金もしくは損金の計上時期に係る判断基準と捉えているという点においては共通しているとも解され，その意味で両事案は類似事例と分類することも可能であろう。

加えて，費用収益対応の原則とは，本来「費用」を決するためのものであるにもかかわらず，本件判決は同原則をもって「収益」の計上判断をし，上記裁決は「損失」の計上判断をしているという点で，共通の問題点も指摘し得るのである。

このように概観すると，費用収益対応の原則が法人税法上いかなる意義を有するのかという問題は，保険税務において重要な論点の1つであるように思われる（酒井克彦「租税法における費用収益対応の原則―法人税法を中心として―」商学論纂57巻3＝4号357頁）。

(5) まとめ

本稿において検討したように，公正処理基準根拠説は妥当ではないと解されるとともに，1号2号準拠説による以上，「損失」については，費用収益対応の原則が適用されることはないというべきであろう。この見地からすれば，上記裁決の判断には疑問が残る。

保険金収益の計上時期を巡って，費用収益対応の原則を論じることは妥当ではないし，さらに，保険事故損失の計上についても，同原則を根拠に論じることは妥当ではないといわざるを得ない。したがって，上記2つの事例（本件判決と国税不服審判所裁決）の判断のいずれも疑問なしとはしない。保険事故損失はその発生時に計上すべきであるし，保険金収益は権利確定主義がこれまで論じてきたように，「収入実現の蓋然性」の高い時期に計上すべきであろう。すなわち，一般的な保険契約であれば，保険事故の発生と同時に計上すべきと解すべきである。

結論のみに着目すれば本件判決と同様となるが，そこに至るまでのロジックは，費用収益対応の原則による考え方では決してないことを付言しておきたい。

〔注〕
(1) ただし，以下では，従来の通称に従い，「費用収益対応の原則」との呼称を用いることとする。

20 節税目的の保険契約と福利厚生

(1) はじめに

　一般に，保障と貯蓄の２つの性質を有する養老保険には，従業員の退職金や死亡退職金等への備えとしての福利厚生や，課税の繰延べを図るといったメリットがあるとされている。

　ここでは，交際費等該当性の議論を参考にしつつ，支払保険料の福利厚生費該当性を検討してみたい。交際費課税の議論においては，しばしば「相手方の認識」について焦点が当てられることがあるが，福利厚生費における「従業員への周知」には通じるところがあるのではなかろうか。

　なお，事例として，節税目的の保険か福利厚生目的の保険かが争われた国税不服審判所平成８年７月４日裁決(裁決事例集未登載)を素材に検討を試みたい。

(2) 福利厚生費

ア　概　説

　法人税法上，損金に算入すべき金額は，同法22条《各事業年度の所得の金額の計算》３項にいう原価の額（１号），費用の額（２号）あるいは損失の額（３号）とされている。したがって，これらいずれかの額に当たるものでなければ損金算入が認められないことになるが，福利厚生目的の支出であれば「費用の額（２号）」に該当することになろう。もっとも，法人税法22条３項２号は，「前号〔筆者注：原価の額〕に掲げるもののほか，当該事業年度の販売費，一般管理費その他の費用…の額」としか規定していないので，福利厚生費としていかなる費用がここに含まれるのかについてはもっぱら解釈に委ねられている。

　ただし，同条４項が，かかる費用の額については，「一般に公正妥当と認められる会計処理の基準に従って計算されるものとする」と規定し企業会計準拠主義を採用していることから，何が福利厚生費に該当するかについては，つまるところ，ここにいう「一般に公正妥当と認められる会計処理の基準」，すなわち，公正処理基準を頼りに解釈を展開するほかない。しかしながら，結論を先取りすると，企業会計においても何が福利厚生費かを画する明確な基準が存

在するわけではなく問題となる。

イ 福利厚生目的と従業員等の認識

(ア) 福利厚生費とは何か

　福利厚生費とは，従業員等の会社の勤務への勤労意欲を促進し，会社の発展に寄与することなどを主な目的として支出される費用である。一見すると，従業員等のために支出するためのものともいえるが[1]，他面，会社への精勤や忠誠心，帰属意識等を促すためのものとみれば，必ずしも従業員等のためだけに拠出されるものとも言い切れないように思われる。直接的には「従業員のため」であるといえるが，ひいては，間接的な「会社のため」の支出と解することもできよう。すなわち，経営学的な人間関係論等[2]を念頭におき，職場環境をよくするために，インフォーマルな活動に会社が援助をするという面もあろう（もっとも，法定福利費など，勤労意欲や会社発展に影響が希薄なものもある。）。

　福利厚生費の目的については見解が分かれるところと思われるが，福利厚生費とは従業員等のために支出するものであるとする見解もある（成道秀雄『新版税務会計論〔第4版〕』115頁（中央経済社2015））。また，武田昌輔教授は，「広い意味では労働力の対価をなすもの」とされる（同『立法趣旨法人税法の解釈〔新版〕』272頁（財経詳報社1988））。他方，神戸地裁平成4年11月25日判決（判タ815号184頁）は，「個々の従業員について労働従事状況，法人に対する貢献度により柔軟に評価して支出するならば，前述のとおり，その実質は労働の対償としての給与の性格を帯びるのであるから，このような支出を福利厚生費として交際費等から除外することができると解することはできない。」として，福利厚生費の労務対価という性質を否定する。

　なお，協同組合等が福利厚生事業の一環として構成員を相手に支出する災害見舞金等なども福利厚生費に該当すると解されるので（措通61の4(1)-11），対象が従業員に限定されるわけではない（渡辺淑夫『法人税法〔平成28年度版〕』589頁（中央経済社2016））。

(イ) 租税法上の福利厚生費

　ところで，このような一般的な福利厚生費の理解は，法人税法22条3項にいう費用の額の解釈にいかなる意味を有するのであろうか。

　福利厚生費が一般概念（☞一般概念とは）であればそのような理解も重要であろう。確かに，法人税法は同法25条《資産の評価益の益金不算入等》の2第2項に

いう「受贈益の額」および同法37条《寄附金の損金不算入》7項にいう「寄附金の額」につき，「広告宣伝及び見本品の費用その他これらに類する費用並びに交際費，接待費及び福利厚生費とされるべきものを除く。」とするところに，「福利厚生費」なる概念を用いている。また，租税特別措置法61条の4《交際費等の損金不算入》第4項1号は，交際費等の範囲から「専ら従業員の慰安のために行われる運動会，演芸会，旅行等のために通常要する費用」を除いているが，この費用は通常，福利厚生費に該当すると解されている（武田・前掲書272頁，本庄資＝藤井保憲『法人税法』128頁（弘文堂2008等））。

　法人税法や租税特別措置法に，福利厚生費の特段の定義規定が設けられていない中，そもそも，かかる概念が一般概念であるのか，固有概念（☞固有概念とは）や借用概念（☞借用概念とは）であるのかという点の解明は必ずしも十分になされているわけではないと思われる。

☞ **一般概念**とは，社会通念上一般的に使用される概念をいう。
☞ **固有概念**とは，租税法が用いている概念のうち，租税法独自の意味内容を有する概念をいう。
☞ **借用概念**とは，固有概念に対し，租税法が用いている概念のうち，他の法分野で用いられている概念をいう。なお，借用概念については，法的安定性の観点から，かかる他の法分野におけると同じ意義に解するべきとするのが通説的理解である（統一説）。

　もっとも，いわゆる大栄電気事件東京地裁昭和57年8月31日判決（行裁例集33巻8号1771頁）は，「措置法62条〔筆者注：現行61条の4〕が4項の括弧書で右費用を交際費等から除外しているのは，従業員も『事業に関係のある者等』に含まれ，その慰安行事のため支出する費用が本来は交際費等に該当することを前提としながら，右費用が通常要する費用の範囲を超えない限りは従業員の福利厚生費として法人において負担するのが相当であり，その全額につき損金算入を認めても法人の社会的冗費抑制等の目的に反しないとして，これを交際費等から除外することにしたものと解される。したがって，交際費等から除外されるためには，もっぱら従業員の慰安のための行事の費用であると同時に，当該行事が法人が費用を負担して行う福利厚生事業として社会通念上一般的に行われていると認められるものであることを要すると解するのが相当であり，たとえ従業員の慰安のための行事であっても，通常一般的に行われている程度を超えるときは，その費用は通常要する費用の範囲を超えるものとして交際費等に該当するものと解すべきである。そうして，当該行事が右の通常一般的に行われ

る範囲内のものであるか否かは，当該行事の規模，開催場所，参加者の構成及び一人当たりの費用額，飲食の内容等を総合して判断すべきである。」とする。

また，神戸地裁平成4年11月25日判決（判タ815号184頁）は，従業員全体が参加の対象として予定されているものでなければならないとした上で，「確かに，企業によっては，全員参加の行事が困難な場合があることは否定できず，原告のように他の複数の企業において従業員を就労させている場合も，全員参加の行事は困難であろうと想像される。しかし，就労部署毎に慰労を行うことが認められるとしても，その慰安の内容が社会通念上一般的に行われるものであり，かつ，その内容，費用の支出について，一定の基準に従ったものであることが必要であると解すべき」とする。このような判決を前提とすると，福利厚生費は一般概念と理解するべきであるように思われる[3]。

(ウ) 従業員への周知や認識

福利厚生費を上記のように理解した上で，かかる福利厚生目的につき，従業員への周知・認識は必要であろうか。生命保険契約に当てはめれば，福利厚生を目的に，従業員を被保険者とした養老保険に加入した場合，被保険者である従業員に対してその福利厚生とされる事実を周知・認識させていなければ，福利厚生費たる性質を否定されるのかという問題である。

経験則的にみれば，福利厚生のための負担を会社が従業員に伝えないということは想定しづらい。そう考えると，従業員への周知や認識が福利厚生費の認定判断において重要なファクターとなり得るようにも解される。なお，こうした思考は交際費等課税制度においても類似の議論があるように思われるため，交際費等課税制度についての「相手方の認識」についても検討を加えることとしたい。

ウ　交際費等課税との界面

(ア) 相手方の認識

福利厚生費は，従業員の福利や厚生のために支出するものであるから交際費等課税における従業員等に対する「慰安」等と隣接する。そのため，福利厚生費該当性を検討するに当たっては，しばしば交際費等の要件とあわせ検討する必要性が認められる。例えば，課税実務上，租税特別措置法関係通達61の4(1)-10《福利厚生費と交際費等との区分》は，社内の行事に際して支出される金額等で次のようなものは交際費等に含まれないと通達する。

① 創立記念日，国民祝日，新社屋落成式等に際し従業員等におおむね一律に社内において供与される通常の飲食に要する費用
② 従業員等（従業員等であった者を含む。）またはその親族等の慶弔，禍福に際し一定の基準に従って支給される金品に要する費用

　もっとも，交際費等の範囲は，「常識的な言葉の意味よりも広い」とされている（岡村忠生『法人税法講義〔第3版〕』172頁（成文堂2007））。また，交際費等の要件については議論のあるところであるが，いわゆる三要件説が台頭している。三要件説とは，すなわち，「支出の相手先」（本来的には，「行為の相手先」というのが正しい），「支出の目的」，「行為の態様」の3つの要件を充足するか否かで交際費該当性を論じるものである。

　とりわけ，近時は修正三要件説として，行為の態様が接待，交際，慰安，贈答に該当するか否かを論じるに当たって，「相手方の認識」を必要とする見解が有力である。例えば，金子宏教授は，「その相手方がそれによって法人から利益を受けていると認識しうる客観的状況のもとで支出されていること，が必要」と論じられるし（金子・租税法386頁）[4]，今村隆教授は，「ある支出が交際費と認められるためには，支出する法人の側で取引関係の円滑な進行を図る目的を有していることが必要であるが，それのみでなく，それが客観的に法人の活動の一環として認められる目的のために支出されていることのほか，その相手方がそれによって利益を受けていると認識し得る客観的状況の下で支出されていることが必要と考えるべきであろう。」とされる（今村隆「課税訴訟における要件事実論の意義」税大ジャーナル4号17頁）。ここでは，これ以上触れないが，こうした「相手方の認識」を意識する判断は，いわゆる萬有製薬事件の控訴審東京高裁平成15年9月9日判決（判時1834号28頁）において示されたものである（なお，これら交際費等課税制度については，酒井・プログレッシブⅡ187頁参照）。

　しかしながら，交際費等該当性の判断において相手方の認識を必要とする上記見解については躊躇を覚える。

　租税特別措置法61条の4第4項は，「交際費等とは，交際費，接待費，機密費その他の費用で，法人が，その得意先，仕入先その他事業に関係のある者等に対する接待，供応，慰安，贈答その他これらに類する行為…のために支出するもの」としているとおり，「…のために支出」していることを要件としている。すなわち，法は，支出そのものに着目しているのであって，支出の目的は支出

者側の目線で判断すべきであるように解されるからである。相手方の認識がない場合，交際費等に該当しないというのは支出の効果に重きを置きすぎた解釈なのではなかろうか。この点，例えば，接待を受けることが常態化している者にとっては，いくら支出する側が接待と考えていても，かかる接待行為につき，自らが「接待を受けている」との認識が希薄であることも十分にあり得よう。そのような場合に認識がないとして交際費等該当性が否定されるとすれば，交際費等課税制度は機能しなくなるおそれがあろう。

(イ) 交際費等と福利厚生費の認識の対立

もっとも，支出の目的の客観性を担保するための議論として，相手方の認識を検討する余地は残されているものと解されるが，行為の態様の判断に当たり，相手方の認識を必要とするとすれば，福利厚生費についても同様の議論があり得るのではなかろうか。支出する側，要するに会社等雇用主側のみならず，それを受ける従業員の方にも認識が必要であるとするのであれば，福利厚生の事実につき，従業員の認識や周知の有無が強く影響してくるところであろう。

しかしながら，かかる点については強い不安も覚える。交際費等該当性におけるこの考え方に従えば，例えば，社内親睦会における支出が交際費等に該当するというためには，従業員において「慰安」等を受けている認識が必要ということになりそうである。すなわち，仮に，従業員側に「慰安」を受けているという認識がない場合，それは交際費等に該当しないことになるから，結果として福利厚生費として損金の額に算入されるということになるはずである。そうなると，福利厚生費該当性における従業員の認識論と，交際費等該当性において論じられる従業員等慰安を受ける側の認識論（修正三要件説）の両思考は対立することになりはしないであろうか。

前述のとおり，交際費等と福利厚生費は隣接しており，その判断が，微妙かつ相対的なものであることを考えると，交際費等や福利厚生費等の判定に当たり，相手方の認識を必要とすることには素朴な疑問が浮かぶのである。修正三要件説に従い，交際費等該当性の判断において「相手方（従業員）の認識」を必要とするのであれば，かかる従業員の認識のないものは交際費等には該当せず，福利厚生費とされることになろう。他方で，それが福利厚生であるか否かについて「従業員への周知」を徹底するのであれば，自ずと「相手方（従業員）の認識」が充足されてしまうことから，かかる支出は交際費等へとシフトすること

になり，結果として矛盾が生じることになろう。

(3) 事例検討
ア 国税不服審判所平成8年7月4日裁決
(ア) 事案の概要

X（請求人）は，各生命保険会社との間で，それぞれ，①契約者をX，②被保険者をXの従業員，③死亡保険金の受取人を従業員の遺族，④満期保険金の受取人をX，⑤保険期間を10年とする生命保険契約（いわゆる養老保険であり，以下「本件各生命保険契約」という。）を締結し，その支払保険料の2分の1相当額を保険積立金として資産に計上するとともに，残りの2分の1相当額を福利厚生費として，次の金額を損金の額に算入した。

・平成3年6月期…12,524,736円
・平成4年6月期…24,839,006円
・平成5年6月期…27,928,922円

これにつき，Y（原処分庁）は，本件各生命保険契約は被保険者である従業員の同意を得ずに締結されたものであり，従業員の福利厚生を目的としたものではなく，Xの利益の繰延べを目的としたものであるから，支払保険料の2分の1相当額を本件各事業年度の福利厚生費として損金の額に算入することはできず，これらの額は保険積立金として資産に計上すべきであるとして更正処分を行った。

かかる処分に対して，Xは，本件各生命保険契約は，いずれも有効に成立しており，かつ，その支払保険料の2分の1相当額は，課税上の福利厚生費としての実態を備えているものであるから，福利厚生費として本件各事業年度の損金の額に算入すべきであると主張して，更正処分の取消しを求めて不服申立てを行った。

(イ) 裁決の要旨

「一般に『養老保険』といわれる生命保険は，被保険者が死亡した場合に死亡保険金が支払われるほか，保険期間の満了時に被保険者が生存している場合にも満期保険金が支払われる生死混合保険であり，その保険料は，満期保険金の支払財源に充てるための積立保険料と，被保険者が死亡した場合の死亡保険金の支払財源に充てるための危険保険料及び新規募集費その他の経費に充てる

ための付加保険料とから成り立っている。つまり，養老保険の保険料には万一の場合の保障と貯蓄との二面性があるところから，これを会計処理の面からみると，死亡保険金の受取人が被保険者の遺族で，満期保険金の受取人が保険契約者である法人の場合，その支払った保険料のうち，法人が受取人である満期保険金に係る部分，すなわち積立保険料の部分については法人において資産に計上すべきことはいうまでもないが，死亡保険金に係る部分，すなわち危険保険料部分については，受取人が被保険者の遺族となっていることからみて，法人において資産に計上することを強制することは適当でなく，このような場合の危険保険料部分の取扱いについては，原則として，一種の福利厚生費として期間の経過に応じて損金の額に算入できるものと解することが法人税法第22条の規定に沿うものと認められる。

そして，通常，生命保険の契約書等においては養老保険契約に係る保険料につき積立保険料部分と危険保険料部分とが区分して記載されていないため，保険契約者においてこれを区分して経理することは困難であると考えられることからすれば，簡便的に，養老保険の支払保険料を2分し，その1に相当する額を当該支払保険料の危険保険料部分として損金の額に算入する旨を定めた法人税基本通達9-3-4の取扱いは，特段の事情がない限り，相当であると認められる。」

「本件各生命保険契約は，養老保険という生死混合保険であることから，上記…のとおり，一種の福利厚生の目的・性格と資産投資の目的・性格との二面性を併せ有しており，このことは，従業員等の職種，年齢及び勤続年数のいかんにかかわらず保険金額及び保険期間が一律であること，あるいは満期保険金の使途によって左右されるものではない。

また，…本件各生命保険契約への一括加入後に入社した従業員についても，各保険への追加加入手続がとられており，さらに，従業員等にとって，保険金額が高額であることによって福利厚生の意味合いが強くなるものであり，かつ，Xが本件各生命保険契約を締結することにより，万一の場合の保障という形で，従業員等に福利厚生の恩恵を供与していることは紛れもない事実である。

これらの事実を無視して，Xが本件各生命保険契約を締結したのは福利厚生以外の目的，すなわち，投資のみを目的としたものであると断定することは相当でない。」

「以上のことから総合して判断すると，本件各生命保険契約への加入は，投資目的として課税の繰延べをも意図したことが窺えるものの，従業員等に対する福利厚生に資するために加入したものではないと断定するには無理があり，Yの①保険に加入することについて被保険者たる従業員等の同意を得ないまま，Xにおいて一方的に締結されたものである，②保険期間の満了を待たず，保険加入後，短期間のうちに解約することを前提として締結されたものである，③福利厚生目的で加入したものではないとの主張にはいまだ十分な合理的理由が認められない。また，本件各生命保険契約はXと本件各生命保険会社との間で有効に成立している養老保険であり，かつ，その効力発生に何らの問題がないことからすると，上記…のとおり，危険保険料部分として支払保険料の2分の1に相当する額を損金の額に算入することは相当であり，支払保険料の全額をXの投資目的の資産たる保険積立金に計上すべきであるとのYの主張は採用できない。

したがって，Yが，本件各生命保険契約に係る支払保険料の2分の1相当額を損金の額に算入することはできないとして行った法人税の更正処分は，いずれもその全部を取り消すのが相当である。」

イ 検 討

(ア) 事案の整理

本件は，法人が契約者となっている養老保険の保険料について，従業員の福利厚生費として処理した税務処理を否認した更正処分の適法性が争点となった事例である。具体的に，本件では，法人税基本通達9-3-4《養老保険に係る保険料》の適用があるものとするXの主張と，同通達は福利厚生を目的とした取扱いであるところ，本件各生命保険契約は課税の繰延べを目的とした保険契約であるから，同通達の適用はないとするYの主張とが対立している。

本件をみるに，まず，本件裁決は，法人税基本通達9-3-4の取扱いが法人税法22条4項にいう公正処理基準として認められるものであるとの立場から，特段の事情がない限り妥当なものとしている。

当事者は，従業員等に対するXの本件各生命保険契約への加入の周知の有無について論じているが，この点について，Xは，「福利厚生費とは，会計慣行上，企業が役員や従業員の労働力の確保ないし向上を図るために，給与のほかに利益を供与するための費用を指すものである。したがって，福利厚生は従業員等

の全員を対象にするものであるが，その利益供与が必ずしも従業員等全員に福利厚生とされる事実を周知し，又は認識させていなければならないという性質のものではなく，企業による周知が徹底していなくても，一応認識又は知り得る状態にあれば足りるというべきものである。本件においても，生命保険への加入が相当数の役員や従業員に周知，認識されているのであって，福利厚生費というに妨げはないはずである。」と主張する。

これに対して，Yは，本件各生命保険契約は，「被保険者たる従業員の同意を得ないまま，Xにおいて一方的に締結した」ものであることから，その支払保険料の全額がXの投資目的の資産たる保険積立金として計上されるべきと主張している。例えば，Yは，「Xは，平成3年3月下旬に，従業員等に朝礼で，退職金の割増制度と生命保険契約に加入することについて周知した旨主張するが，退職金の割増支給や退職金支給規程の変更などは，雇用条件の根幹に関わる重要な事項であるにもかかわらず，単に朝礼で一方的に周知したとは到底考えられず，こうした主張は，従業員の同意はその内容も概括的，包括的で足りるとするXの独自の見解を前提とするものであって，その前提において失当というべきであ〔る〕」などと主張していた。その他，Yは，「事実関係によれば，Xは，本件各生命保険契約に関して，契約締結前に従業員の明示の同意を得ていたと認めることはできず，従業員の明示の同意がないにもかかわらず保険者たる生命保険会社の担当者に署名・押印をさせ，あるいは，従業員が同意した旨の念書を提出することにより，同意があったように仮装し，Xにおいて一方的に契約を締結したものと認められる。」などとも主張していた。

結果として，国税不服審判所は，「本件各生命保険契約への加入は，投資目的として課税の繰延べをも意図したことが窺えるものの，従業員等に対する福利厚生に資するために加入したものではないと断定するには無理があ〔る〕」として福利厚生目的を認定している。上記のとおり，Yは，従業員の同意等，周知徹底を主張していたところであるが，同審判所は，従業員への周知の有無にはあまり踏み込んでいないようにも思われる。

(イ) 事案の検討

本件裁決は，本件各生命保険契約を，Yが主張するような投資のみを目的としたものと断定することは相当でないと判断した。これは，仮に節税目的があったとしても，そのことのみで福利厚生費該当性が否定されるものではないと

する判断である。

　もっとも，何ら福利厚生費としての性質を認め得ない場合にはこの限りでないのは当然であるが，福利厚生目的でもあり，かつ，それが節税に寄与するのであれば，その場合に福利厚生目的が節税目的にオーバーライドされるものではないのである。極端にいえば，医療費控除の適用を受けるために，12月末のギリギリに高額な医療費の振込みがなされることがあるが，さりとて，それが医療行為のために支出したものであるとすれば，かかる支出に節税目的があったとしても，医療費であることは否定されないと考える理と同様である。

　この点，Xが，「そもそも企業が適法な経済活動・行為を行い節税を図ることは，課税上においても特段の弊害があるとして法で規制されていない限り自由であり，課税上も否認されるべきものではない。」とし，「節税（利益の繰延べ）を図ることと，本件各生命保険契約の支払保険料が危険保険料の性質を有し，一種の福利厚生としての機能・側面を有することとは相反するものではない。」と述べるところは主張として正しいものと思われる。

　養老保険のような生死混合保険は，死亡保険金の受取人が被保険者である従業員の遺族，満期保険金の受取人が保険契約者たる法人であるというように，福利厚生の目的と節税目的という二面性を有する特徴がある。したがって，福利厚生の目的に節税目的が付着しているからといって，支払保険料のすべてが節税目的であると断じるには，それを裏付ける相当の証拠が必要ということになろう。

　この点，本件においてYは，福利厚生の事実についての周知徹底がなされていなかったことを主張の柱として，福利厚生費該当性を否定していたものであるが，既に指摘したとおり，福利厚生費の判断局面において「従業員の認識」を要件とすることは，交際費等課税制度との矛盾を生じさせる可能性があることに留意しなければならない。

(4) **まとめ**

　生命保険契約が福利厚生目的であれば，仮にそこに節税的な意味合いが包蔵されていたとしても，福利厚生目的が相殺されるわけではないと考えられる。もっとも，その際の福利厚生目的の認定に当たり，従業員の福利厚生用の保険であることの周知が果たして，どの程度必要なのかという点についても関心事

項となるが，経験則的にみれば，福利厚生を会社が従業員に伝えないということは想定しづらいことからすれば，やはり一定の従業員への周知や認識が必要とされるのであろう。

　そう考えると，交際費等該当性の要件において，従業員の慰安に対する認識が必要とする考え方こそ修正されるべきであるということになりそうである。このような文脈から，本件では，例えば，①Xが受け取ることとなる本件各生命保険契約に係る満期保険金について，将来の退職金の原資に充てるなどの福利厚生目的に使用する旨を記載した退職給与規程等を定めていなかったことや，②Xは，従業員の遺族が受け取ることとなる本件各生命保険契約に係る死亡保険金について，死亡した従業員の退職金の一部に充当できるもしくは割増退職金とするなどの退職給与規程または弔慰金規程等を定めていないことは，本来的には福利厚生費該当性に消極に働く事情であったといえるであろう。もっとも，こうした事情があったとしても，福利厚生費該当性を否定する事実とまでは判断されなかったことを付言しておきたい。

〔注〕
(1)　この点について詳しくは，酒井・論点研究230頁以下参照。
(2)　吉原正彦編『メイヨー＝レスリスバーガー：人間関係論（経営学史叢書）』〔経営学史学会創立20周年記念〕（文眞堂2013）参照。また，その後の，アブラハム・マズロー著（大川修二訳）『完全なる経営』（日本経済出版社2001），ダグラス・マグレガー著（高橋達男訳）『企業の人間的側面―統合と自己統制による経営』（産業能率大学出版部1970）なども参照。
(3)　東京地裁昭和55年4月21日判決（行裁例集31巻5号1087頁）は，「通常一般的に行なわれている程度のものか否かは個々の忘年会等の具体的態様，すなわち開催された場所，出席者一人あたりの費用，飲食の内容等を総合して判断すべきであって，社外で行なわれたか否かということだけで判断すべきではない。」とする。
(4)　もっとも，金子教授は，相手方の認識を絶対要件としているわけではなく，「それが客観的に法人の活動の一環として認められる目的のために支出されていること，あるいは」とした次に，相手方が認識し得る客観的状況の下で支出されたものであることを論じられている（金子・租税法386頁）。

21　ハーフタックスプランの法的根拠と公正処理基準―法人税基本通達の射程範囲―

(1) はじめに

　生命保険契約に関する租税法上の規定は必ずしも十分でないため，実務上は各種の保険に係る通達による取扱いが極めて強い影響力を有している。しかし，これら通達の取扱いのうちにはその租税法上の根拠が明らかでないものが数多く見受けられるなど，租税法律主義の見地からは疑問なしとしないものもある。法令の根拠の判然としない通達上の取扱いにより，実務が進んでいることへの危惧は既に序でも述べたとおりである。

　このように，通達の取扱いに大きく依拠しているといわざるを得ない生命保険領域の税務であるが，通達において，法人税法上の行政解釈が示されているものの，所得税法上の行政解釈は不明確であるなどということも少なくない。こうした場合，所得税法上はいかに解釈すべきかという問題が生じ得る。突き詰めていえば，法人税法上の取扱いが所得税の事例に影響を及ぼすのかという問題関心であるが，ましていわんや，法人税法において定められた取扱いではなく，あくまでも同法の通達の取扱いにすぎない処理が所得税法に影響を及ぼし得るのか否かについてはさらなる深慮が求められるであろう。

　そこで，ここでは，法人税基本通達9-3-4《養老保険に係る保険料》を取り上げ，法人税基本通達における保険の取扱いの根拠を考えるとともに，かかる通達の射程範囲が所得税法の事例にも及ぶか否かを検討してみたい。同通達は，法人が契約した養老保険に係る保険料について，2分の1相当額を福利厚生費等として損金算入できると通達しているが，個人の事業所得の金額の計算においても，事業主の負担した保険料の2分の1相当額を必要経費に算入することが可能か否かについて検証を試みる。

(2) 養老保険の性質

ア　危険負担保険料と積立保険料

　生命保険はいわゆる掛捨て型と積立型に大別される。代表的なものとして，前者には定期保険が，後者には終身保険や養老保険か該当するが，基本的には

この３つのタイプに分かれるといえよう。そして，これらを組み合わせた商品や派生商品が多数存在する。

　積立保険は，保険料を掛捨てとせず，長期にわたって保障を与えると同時に，満期返戻金や契約者配当金を支払うものであり，その保険料は補償部分と積立部分から成る。かかる契約は，保険金支払の原資となる危険負担保険料と，満期返戻金支払の原資となる積立保険料とで構成され，後者が大きな割合を占めるのが通例である。なお，保険者は，収受した積立保険料を運用し，満期時に保険契約者に対して満期返戻金を還元する。

　このように，積立保険の特徴は，満期時に満期返戻金が支払われる点にあるといえよう。保険契約者の側からすれば，支払った積立保険料相当額が満期返戻金として戻ってくることが約されているのであって，支払額と受取額との関係でみれば，積立保険料と満期返戻金の額はほぼ等しいものと整理することができよう。すなわち，支払保険料と満期返戻金額は，いわば紐付きの関係であるとみることができるのであって，この意味において，定期積立預金などと同様の貯蓄の性質を有しているとみてもよいであろう（長谷川俊明『保険の活用と法務・税務─生保・損保・第三分野の保険』187頁（新日本法規出版2006））。

　イ　積立保険料の損金該当性

　差し当たり利息相当額について度外視するものとすれば，積立保険においては，前述のとおり，「積立保険料支払額＝満期返戻金」となるため，そこにはリスクはなく，保険者の側からすれば，危険負担を引き受けるという役務提供を行っていないとみることができる。これは，すなわち，保険契約者の側からみれば，危険負担を引き受けてもらうという役務の提供を受けていないことを意味する。この点が，掛捨て型の保険と異なる点であり，既述のとおり，定期積立預金などと同種の貯蓄の性質を有すると解される所以である。

　支払われる金員は「保険料」といえども，保険会社の危険負担への対価ではなく，定期預金等と同様，資産の形式的な移転に過ぎない。このように解する以上，積立保険料については，提供された役務に対する対価という意味を有さないため，経済的価値の費消とはいえないことになろう。

　そのため，積立保険契約を法人が締結していた場合において，法人が積立保険料を支出したとしても，それは，例えば預金行為などと同視されるべきであるから，資産項目内における勘定移転という会計上の処理を行うにすぎない。

したがって，何らの価値の費消を認識するものではないことから，当然ながら，会計上の費用には該当しない。このような考え方に基づいて，積立保険料は「資産」として捉えられているのである。

なお，法人税法は，「別段の定め」がある場合を除き，いわゆる，企業会計準拠主義により，一般に公正妥当と認められる会計処理の基準（公正処理基準）に従って損金計上を行うこととされているから（法法22④），積立保険料が，会計上の費用に該当しない以上，法人税法上の原価・費用・損失にも該当せず，法人所得の金額の計算において損金の額に算入すべきでないことになる。

この点について，例えば，いわゆるファイナイト事件東京高裁平成22年5月27日判決（判時2037号22頁）は，法人税基本通達9-3-9《長期の損害保険契約に係る支払保険料》につき，「積立保険料とその他の部分（危険保険料及び付加保険料）とで異なる会計処理がされることを想定しているのであり，積立保険料は，保険金の支払原資に充てられず，専ら満期返戻金の支払原資に充てられることから，資産計上され，その他の部分（危険保険料及び付加保険料）は，たとえ保険契約期間中に保険事故が生じず，その一部が返戻される場合であっても，保険金との対応関係が認められるから，損金の額に算入されている」との解釈を示し，続いてファイナイト再保険料が，「危険保険料及び付加保険料とからのみなり，結果として保険事故である地震が生じなかった場合には，保険契約者にプロフィット・コミッションの支払という形で再保険料の一部が返戻されることになるという事後調整部分が含まれてはいるものの，およそ保険金の支払原資に充当されることのない積立保険料を含んでいない」と判示している。

ウ 法人税基本通達9-3-4の趣旨

このような考え方は，「養老保険に係る保険料」の取扱いを通達する法人税基本通達9-3-4の考え方とも整合するように思われる。ここにいう「養老保険」とは，被保険者が死亡した場合に保険金が支払われるほか，保険期間の満了時に被保険者が生存している場合にもいわゆる満期保険金が支払われることとなっている生命保険（生死混合保険）をいい，その保険料は，満期保険金の支払財源に充てるための積立保険料と，被保険者が死亡した場合の死亡保険金の支払財源に充てるための危険負担保険料および新規募集費その他の経費に充てるための付加保険料とから成っている。この養老保険に係る保険料の法人税法上の取扱いにつき，法人税基本通達9-3-4は次のように通達している。

> (1) 死亡保険金…及び生存保険金…の受取人が当該法人である場合　その支払った保険料の額は、保険事故の発生又は保険契約の解除若しくは失効により当該保険契約が終了する時までは資産に計上するものとする。
> (2) 死亡保険金及び生存保険金の受取人が被保険者又はその遺族である場合　その支払った保険料の額は、当該役員又は使用人に対する給与とする。
> (3) 死亡保険金の受取人が被保険者の遺族で、生存保険金の受取人が当該法人である場合　その支払った保険料の額のうち、その2分の1に相当する金額は(1)により資産に計上し、残額は期間の経過に応じて損金の額に算入する。ただし、役員又は部課長その他特定の使用人（これらの者の親族を含む。）のみを被保険者としている場合には、当該残額は、当該役員又は使用人に対する給与とする。

　すなわち、法人税基本通達9-3-4(3)では、保険事故が発生した場合の死亡保険金の受取人が、役員、使用人等被保険者の親族である場合には、これに対応する保険料の支払を、「一種の福利厚生費として」取り扱い、この場合には、経済的な価値の費消があったものと捉えて、これを損金の額に算入することとしているのである（渡辺淑夫「法人税基本通達等の一部改正について(1)」国税速報3354号32頁）。

　他方、保険事故が発生しなかった場合の生存保険金は、会社による長期の運用の後に会社に対して返戻される性質を有することから、経済的価値の費消がないものと捉え、資産に計上することとされているのである。

　この通達の取扱いは、前述した積立保険の貯蓄性が前提とされているとみることができよう。

(3) 事例検討
ア　2分の1基準の妥当性

　養老保険について述べたものとして、広島国税不服審判所平成8年7月4日裁決（裁決事例集未登載。TAINS F0-2-054）を確認しておきたい。同裁決は次のように述べ、養老保険には保障と貯蓄との二面性があるとしている。すなわち、同審判所は、「一般に『養老保険』といわれる生命保険は、被保険者か死亡した場合に死亡保険金が支払われるほか、保険期間の満了時に被保険者が生存している場合にも満期保険金が支払われる生死混合保険であり、その保険料は、満期保険金の支払財源に充てるための積立保険料と、被保険者が死亡した場合の死亡保険金の支払財源に充てるための危険保険料及び新規募集費その他の経費

に充てるための付加保険料とから成り立っている。」と概括的に説明した上で，「つまり，養老保険の保険料には万一の場合の保障と貯蓄との二面性がある」と論じている。

そして，「これを会計処理の面からみると，死亡保険金の受取人が被保険者の遺族で，満期保険金の受取人が保険契約者である法人の場合，その支払った保険料のうち，法人が受取人である満期保険金に係る部分，すなわち積立保険料の部分については法人において資産に計上すべきことはいうまでもない」とした上で，「死亡保険金に係る部分，すなわち危険保険料部分については，受取人が被保険者の遺族となっていることからみて，法人において資産に計上することを強制することは適当でな〔い〕」とするのである（図表-1）。

図表-1

このように，同審判所は，積立保険料の部分が法人において資産に計上すべきことはいうまでもないとする一方で，危険負担保険料については，積立保険料とは異なり，資産に計上することを強制することは適当ではないとしている。

さらに，同審判所は，危険保険料相当額について，「このような場合の危険保険料部分の取扱いについては，原則として，一種の福利厚生費として期間の経過に応じて損金の額に算入できるものと解することが法人税法第22条の規定に沿うものと認められる。」というのである。

ここに引用した裁決文からも明らかなように，ここでは法人税法22条《各事業年度の所得の金額の計算》の規定の解釈が問題とされていることに注意しなければならない。要するに，租税法や所得課税法に通底する経費性一般の議論をしているのではないのであって，そのことは，同裁決が「会計処理の面からみると」としている点からも判然とする。すなわち，同裁決が述べている養老保険の取扱いは，あくまでも法人税法に特有の議論であるといえよう。法人税法は，同法22条4項において「前項各号に掲げる額〔筆者注：損金の額〕は，一般に公正妥当と認められる会計処理の基準に従って計算されるものとする。」として企業会計準拠主義を採用し，公正処理基準に従って所得金額の計算をする仕組み

を採用しているところ，こうした法人税法の構造を前提とした上での理論構成であることは明白である。

かかる点は，上記くだりのさらに前段の部分において，「ハ　ところで，法人税法では，生命保険に係る保険料の取扱いについて，別段の定めをおいていないため，同法第22条の規定により取り扱われることになる。

法人税法第22条第1項は，内国法人の各事業年度の所得の金額は，当該事業年度の益金の額から当該事業年度の損金の額を控除した金額とする旨規定し，同条第3項は，内国法人の各事業年度の所得の金額の計算上，当該事業年度の損金の額に算入すべき金額は，別段の定めがあるものを除き，当該事業年度の収益に係る売上原価等のほか販売費，一般管理費その他の費用の額および資本等取引以外の取引に係る損失の額とする旨規定している。

また，法人税法第22条第4項は，同条第3項の当該事業年度の損金の額に算入すべき金額は，一般に公正妥当と認められる会計処理の基準に従って計算されるものとする旨規定している。」とした上で，前述の「ニ　一般に『養老保険』といわれる生命保険は…」と続けていることからも明らかであるといえよう。

このように，「危険保険料部分の取扱いについては，原則として，一種の福利厚生費として期間の経過に応じて損金の額に算入できるものと解する」というのは，あくまでも法人税法上の取扱いについての解釈であるということを確認しておく必要がある。

イ　簡便法としての処理

さらに，同裁決は，「そして，通常，生命保険の契約書等においては養老保険契約に係る保険料につき積立保険料部分と危険保険料部分とが区分して記載されていないため，保険契約者においてこれを区分して経理することは困難であると考えられることからすれば，簡便的に，養老保険の支払保険料を2分し，その1に相当する額を当該支払保険料の危険保険料部分として損金の額に算入する旨を定めた法人税基本通達9-3-4(3)の取扱いは，特段の事情がない限り，相当であると認められる。」と続けている。

このように，養老保険については，貯蓄部分と保障部分があるとされ，法人税基本通達においては，便宜的に，貯蓄部分と保障部分を2分の1ずつに分けて認定しているところであるが，実際は，どの部分が貯蓄部分であって，どの

部分が保障部分であるかは必ずしも明確ではない。

　前述のとおり，法人税法上の損金算入ルールは，企業会計準拠主義により，企業会計の考え方に大きく依拠している。この点，上記国税不服審判所は，「通常，生命保険の契約書等においては養老保険契約に係る保険料につき積立保険料部分と危険保険料分とが区分して記載されていないため，保険契約者においてこれを区分して経理することは困難である」という点に注目し，法人税基本通達9-3-4(3)は2分の1という簡便法を通達していると説示する。すなわち，同通達は，企業会計上の「処理の便宜」を前提とした処理方法であって，会計処理が困難であるから設けられた次善の策であるということになろう。通達が企業会計をリードするといういわゆる逆基準性の問題については，必ずしも法人税法22条4項の予定するところではないかもしれないが，「経理することは困難である」という点に鑑み，「簡便的に，養老保険の支払保険料を2分し，その1に相当する額を当該支払保険料の危険保険料部分として損金の額に算入する旨を定めた法人税基本通達9-3-4の取扱いは，特段の事情がない限り，相当であると認められる。」ということになるのであろう。もっとも，養老保険の支払保険料のうちの2分の1に相当する部分の金額が損金に算入されるとする企業会計の処理慣行が果たして存在するのか，また仮にそのような処理の慣行を肯定し得たとしても，それが一般に公正妥当と認められるものとして公正処理基準と認めることが可能であるのかという論点は残されているといわざるを得ない。すなわち，法人税基本通達9-3-4の法的根拠についての疑問は依然として残っている。

　しかしながら，法人税基本通達9-3-4(3)の取扱いが，極めて企業経理との関係を色濃く反映した取扱いであることには間違いがなく，経理の困難性を踏まえた上での簡便的処理であることは事実であろう。既に述べたとおり，法人税法は，企業における会計処理に大きく依存した形で，損金に算入すべき金額を画している（企業会計準拠主義）。もちろん，このような通達が租税法律主義に反しないことが大前提ではあるものの，仮にその点をクリアできるものとすれば，同通達の処理は，これまで述べてきたように，企業会計準拠主義を採用する法人税法に特有の処理方法として認められているものであるというべきであろう。

ウ　所得税法における必要経費

　このように，法人税法上は通達における取扱いではあるが，経理上の便宜

着目した2分の1損金算入が実務上容認されている。

　他方，所得税法は，「家事上の経費及びこれに関連する経費で政令で定めるもの」，すなわち家事関連費を必要経費に算入しないこととしている（所法45①一）。ただし，家事関連費のうち，「家事上の経費に関連する経費の主たる部分が…事業所得…を生ずべき業務の遂行上必要であり，かつ，その必要である部分を明らかに区分することができる場合における当該部分に相当する経費」については必要経費算入を認めている（所令96一）。

　要するに，家事関連費であっても，主たる部分が業務の遂行に必要，かつ，明らかに区分できる場合には当該部分については必要経費に算入できるわけであるが，逆に解せば，明らかに区分できない経費については，たとえそのうちに業務の遂行に必要な部分を含んでいたとしても，全額が家事関連費として取り扱われ，必要経費算入が否定されることになる。

　こうした所得税法の必要経費に関する規定振りからすれば積立保険料部分と危険保険料部分とが区分して記載されていない以上，事業所得を生ずべき業務の遂行上必要である部分が明らかにされないことになり，その必要経費算入は，法解釈上不可能であるといわざるを得ない。

　法人税基本通達9-3-4(3)は，あくまでも法人税法上の取扱いである上，そもそもこれは通達であって法源性はないのであるから，所得税法上の取扱いを論じるに当たっては，参考にならないというべきであろう。もっとも，それに加えて同通達の実質的内容の観点を考慮に入れたとしても，所得税法上の取扱いを検討する上で何ら積極的な素材とはなり得ない。

　また，国税庁が，法人税法につき法人税基本通達9-3-4(3)を発遣しているのに対し，所得税基本通達において同通達のような取扱いを設けていないのは，法人税法が所得税法と異なり損金算入制限に必要性要件を明文化していないからであると考えられる。「必要性」の要件を求めるか否かという点で，法人税法上の損金と所得税法上の必要経費とではその性質を異にしていると解すべきであろう。

(4)　まとめ

　法人税基本通達9-3-4(3)の処理は，経理の便宜を図るためという企業会計との結び付きの強い処理であり，それゆえに認められた簡便法であると解してお

くべきであろう。2分の1を基準とする概算計算の根拠を法令から読み解くことができるか否かについては別途検討する必要があると解されるものの，少なくともかかる法人税基本通達は，所得税法における必要経費の計算上の根拠としては何らの意味も有しないといわざるを得ない。

　また仮に，そのような2分の1ずつの概算処理を行うことの会計慣行が，企業会計上成立していたとしても，少なくとも，所得税法には，法人税法22条4項のような企業会計準拠主義を採用する規定は存在しないのであるから，企業会計におけるかかる会計慣行の成立をもってしても，所得税法上の処理の法的根拠とすることはできないというべきである。

　所得税法上，家事関連費を必要経費に算入するには，業務に必要であり，かつ，その部分を「明らかに区分することができる」ものである必要があることは既に指摘したところであるが（所法45①一，所令96①），養老保険契約に係る保険料の内訳は基本的に明確でない。繰り返しになるが，その内訳が明確ではないがゆえに，法人所得計算では，法人税基本通達による2分の1という簡便法を容認していたのである。そうであるとすれば，「明らかに区分することができる」場合以外には，所得税法上は同法45条《家事関連費等の必要経費不算入等》1項1号および同法施行令96条《家事関連費》1項に従い必要経費算入が否定されるべきということになろう。法人税基本通達9-3-4(3)の処理は，あくまでも企業会計準拠主義を採用している法人税法においてかろうじて認められるにすぎない簡便的な処理であるのであって，その内訳を明らかに区分することができない以上，所得税法上の指針となり得るものでは到底ないことを指摘しておきたい。

第5章
重要裁判例・裁決例

22 ファイナイト事件

> ●日本の損害保険会社が海外子会社との間で締結した掛捨て型再保険契約の再保険料につき，日本法を適用して損金算入を認めた事例
> 〈**第一審**〉東京地裁平成20年11月27日判決・判時2037号22頁
> 〈**控訴審**〉東京高裁平成22年5月27判決・判時2115号35頁

(1) 事案の概要

損害保険会社Ｘ（原告・被控訴人）は，日本国内において，自らを保険者として，主に企業を相手として地震等による損害を補償対象とする損害保険契約を締結した。他方で，Ｘは，自身が100％出資したアイルランド子会社Ａを設立し，Ａとの間に，Ｘが引き受けた前述の国内損害保険契約を対象として，Ｘを出再者（再保険における被保険者），Ａを受再者（再保険における保険者）とする再保険契約（以下「ELC再保険契約」という。）を締結し，Ａに対して掛捨ての保険料（以下「ELC再保険料」という。）を支払った。なお，ELC再保険契約の準拠法は日本法とする指定がある。

さらに，Ａは，ＸとＡとの間で設定された保険契約に係る再保険契約を対象として，ファイナイト保険を用い，Ａを出再者，グループ外会社である再保険会社Ｂを受再者とする再保険契約（以下「ファイナイト再保険契約」という。）を締結し，Ｂに対して保険料（以下「ファイナイト再保険料」という。）を支払っている。ファイナイト再保険契約の準拠法はイングランド法（英国法）とする指定がある。

Ｘは，Ａに対して支払ったELC再保険料を損金算入した上で確定申告を行ったが，処分行政庁は，同保険料のうち，本件ファイナイト再保険契約に係る保険事故が発生しなかったことにより，ＢからＡに返戻される部分（以下「EAB繰入額相当部分」という。）については預け金に該当するのであるから，当該部分は損金の額に算入することはできないとして，更正，重加算税賦課決定及び過少申告加算税賦課決定の処分を行った。

(2) 争　点

ELC 再保険料のうち EAB 繰入額相当部分の損金該当性（その他の論点については割愛する。）。

(3) 判決の要旨

「同再保険料のうち EAB 繰入額相当部分が損金の額に算入されるか否かは，これが『費用』として『損金』に該当するか否か，すなわち X 社の当該事業年度の収益獲得のために費消された財貨であるか否かに帰着する。すると，本件ファイナイト再保険料のうち EAB 繰入額相当部分の法的性質をどう決定するかが先決問題となる。」

「認定によれば，…これらは，損害保険会社である X 社が，保険事故が生じた場合にグループ会社を含めて単年度決算収支の著しい悪化を回避しつつ，収益を最大限に確保することを目的として，しかも税金の負担軽減をも考慮して採用したスキームである。」

「本件 ELC 再保険契約の内容及び効力については，日本法を準拠法とする指定がされ，また本件ファイナイト再保険契約の内容と効力については，イングランド法（英国法）を準拠法とする指定がされているから，前者は日本の私法によるが，本件ファイナイト契約の法律関係は指定されたイングランド法（英国法）によって検討すべきとも考えられる。しかし，契約に関する準拠法は，当事者の指定により決定されるが（法の適用に関する通則法七条），本件のような租税回避行為の有無が争点となる事案においては，適用する法律を当事者の自由な選択によって決定させるならば，当事者間の合意によって日本の課税権を制限することが可能となり，著しく課税の公平の原則に反するという看過し難い事態が生ずることになるから，同法四二条の適用によって，外国法の適用を排除し，国内公序である日本の私法を適用すべきである。すると，本件ファイナイト再保険契約に関する法人税の課税は，日本の私法によって法的性質を決定された上で課税物件の有無が判断されることになる。」

「認定の本件ファイナイト再保険契約のスキームに経済的な不合理性がうかがわれないことと…租税回避の目的が認定できず，また，本件ファイナイト再保険料は保険事故が生じた場合，常に全額が保険リスクを負担する部分とされ，返還されない場合があることなど…によれば，本件ファイナイト再保険契約に

おけるEAB繰入額相当部分を預け金であると認めることはできない。」

「以上によれば，本件ファイナイト再保険契約のEAB繰入額相当部分を租税回避を目的としたものであって，真の意図が再保険料とする外形と異なり預け金であると認めることはできず，また，本件ELC再保険契約と本件ファイナイト再保険契約が不可分一体であるとも認めることもできないのであるから，本件ELC再保険契約に基づきアイルランド子会社に支払った掛捨ての再保険料は，個別的対応関係はないものの，当該事業年度の保険事故の発生に伴い受け取るべき保険金という収益獲得のために費消された財貨として法人税法22条3項柱書にいう『損金』に算入される『費用』（同項2号）に該当する。」

(4) 解　説

本件スキームで用いられたファイナイト保険は，日本において，会計上ないし税務上保険として扱われるかがどうか不明確であったが，アイルランドでは保険として認められていた。そこで，Xは，アイルランドに子会社を設立し，ファイナイト保険を利用した本件スキームを組んだものと解される。

かような背景のもと，東京高裁は，課税は私法上の法律関係に即して行われるべきであるとして，まず準拠法の問題を挙げ，「租税回避行為の有無が争点となる事案においては，…外国法の適用を排除し，国内公序である日本の私法を適用すべきである」と示している。

結局のところ，東京高裁は，事実認定により本件は租税回避行為には該当しないとし，ファイナイト再保険契約は英国法のもとにおける有効な保険契約として処理することが認められたが，東京高裁判決が説示した内容に従えば，本件ファイナイト再保険契約が仮に租税回避行為に該当するとされた場合には，日本法である法人税法により解釈がなされるということになろう。

もっとも，東京高裁判決では，ファイナイト保険を用いた保険料の損金性が争われたが，議論の中心は，準拠法と租税回避の事実認定であったように思われる。また，本件は，Xが100％出資のアイルランド子会社Aを設立し，Aとの間にELC再保険契約を締結するとともに，さらに，Aが海外保険会社との間でファイナイト再保険契約を締結したという特殊な事例である。ファイナイト保険がその契約によって多種多様であることや，一般的な保険契約に比してリスクの移転が限定的であることを特徴とする保険形態であることに鑑みれば，

本件事例が一般的な支払保険料の取扱いに与える影響度はそこまで高いものとはいえないであろう。

　そうであるとはいえ，本件において，東京高裁が，「もとより，法人税基本通達は，法規の性質をもつものではないが」と前置きしつつも，「解釈基準として重要な意義を有する」として，「以上の説示に関しては，法人税基本通達9-3-9《長期の損害保険契約に係る支払保険料》との抵触問題が生ずるので，以下検討する」と述べている部分には注目しておきたい。法人税基本通達9-3-9そのものの内容にまではここでは触れないが，保険税務領域における通達の影響力を窺い知ることができる説示ではなかろうか。

23　年金二重課税事件

> ●相続人が取得した生命保険年金のうち年金受給権の額に相当する部分について，所得税は非課税であるとされた事例
> 〈第一審〉長崎地裁平成18年11月7日判決・民集64巻5号1304頁
> 〈控訴審〉福岡高裁平成19年10月25日判決・民集64巻5号1316頁
> 〈上告審〉最高裁平成22年7月6日第三小法廷判決・民集64巻5号1277頁

(1)　事案の概要

X（原告・被控訴人・上告人）の夫AがB生命相互会社との間で締結していた生命保険契約（被保険者及び契約者はA，受取人X）について，Aの死亡に基づきXが平成14年に受け取った年金払保障特約年金220万8,000円（以下「本件年金」という。）を，雑所得に当たるとして所轄税務署長が所得税の更正処分（以下「本件処分」という。）を行ったため，Xが国Y（被告・控訴人・被上告人）を相手取りその取消しを求めた事案である。

(2)　争　点

本件年金が相続税法3条《相続又は遺贈により取得したものとみなす場合》1項1号のみなし相続財産に当たるか否か，所得税法9条《非課税所得》1項15号〔現行16号〕により非課税とされるか否か（源泉徴収義務の有無については割愛）。

(3)　判決の要旨

第一審長崎地裁は，「相続税法による年金受給権の評価は，将来にわたって受け取る各年金の当該取得時における経済的な利益を現価…に引き直したものであるから，これに対して相続税を課税した上，更に個々の年金に所得税を課税することは，実質的・経済的には同一の資産に関して二重に課税するものであることは明らか」であるとしてXの主張を認めた。一方で，控訴審福岡高裁は，「本件年金は，10年間，保険事故発生日の応当日に本件年金受給権に基づいて発生する支分権に基づいて，Xが受け取った最初の現金というべき」とし，

「本件年金は，本件年金受給権とは法的に異なるものであり，Aの死亡後に支分権に基づいて発生したものであるから，相続税法3条1項1号に規定する『保険金』に該当せず，所得税法9条1項15号所定の非課税所得に該当しないと解される」として，逆転Yの勝訴とした。

これら下級審判決を経て，最高裁は「年金受給権の価額…は，当該年金受給権の取得の時における時価（同法22条），すなわち，将来にわたって受け取るべき年金の金額を被相続人死亡時の現在価値に引き直した金額の合計額に相当」するとし，「したがって，これらの年金の各支給額のうち上記現在価値に相当する部分は，相続税の課税対象となる経済的価値と同一のものということができ，所得税法9条1項15号により所得税の課税対象とならないものというべきである」と判示し，原審判断を覆し本件処分の違法性を認めた。

(4) 解 説

本件事案は，第一審から上告審までその判断が二転三転し，実務的にも非常に注目を集めた事例である（酒井・ブラッシュアップ98頁，同「みなし相続財産としての年金受給権に基づいて取得した年金への所得課税（上）（中）（下－1）（下－2）」税務事例42巻9号，10号，11号，12号も参照）。

原審判決が，あくまでも，年金受給権と支分権に基づいて発生した本件年金を法的に別のものと解したのに対し，本件最高裁は，所得税法9条1項16号にいう「相続，遺贈又は個人からの贈与により取得するもの」とは，「相続等により取得し又は取得したものとみなされる財産そのものを指すのではなく，当該財産の取得によりその者に帰属する所得を指す」とし，かかる所得については，「当該財産の取得の時における価額に相当する経済的価値にほかなら〔ない〕」としている。本件最高裁が，所得税法9条1項16号を「経済的価値」の二重課税排除規定であると解釈している点は注目すべきであろう。

なお，本件最高裁判決を受け，国税庁は，相続等により取得した年金受給権に基づく年金に係る雑所得の計算について取扱いの見直しを行っている（国税庁HP参照。詳細は，酒井・裁判例〔所得税法〕74頁以下参照）。

24 個人所得税と法人税基本通達

> ●法人税基本通達9-3-4等に定められた取扱いは，個人の事業所得の金額の計算には及ばないとされた事例
> 広島国税不服審判所平成23年3月23日裁決・裁決事例集未登載

(1) 事案の概要

本件は，矯正歯科医業を営むX（審査請求人）の所得税について，原処分庁が，従業員を被保険者とする年金支払型特殊養老保険契約及びがん保険契約に基づいて支払われた保険料の額を事業所得の金額の計算上必要経費に算入することはできないとして更正処分等を行ったのに対し，Xが当該保険料の額は事業所得の金額の計算上必要経費に算入されるとして，同処分の取消しを求めた事案である。

(2) 争 点

本件各保険契約に基づいて支払われた保険料の額は，事業所得の金額の計算上必要経費に算入することができるか否か。

(3) 裁決の要旨

Xは，法人税基本通達9-3-4《養老保険に係る保険料》等の取扱いが，事業所得の金額の計算にも及ぶとし，養老保険についてはその2分の1，がん保険については支払った保険料の全額が必要経費に算入されるべきであると主張した。

これに対し，国税不服審判所は，「本件診療所の通常の業務において従業員が死亡することは考えにくく，本件各養老保険契約のほとんどは中途解約されるか満期日まで継続されることが予想されること，その解約返戻金又は満期保険金はいずれも夫乙…に支払われること，」等からすれば，「従業員を被保険者とする本件各養老保険契約を締結するに当たり，従業員の退職金及び死亡弔慰金の補充・拡充をするという目的があったとしても，副次的なものにすぎず，

本件各養老保険契約は，X及び夫乙が，本件各養老保険契約に基づいて支払われた保険料の額の2分の1に相当する額を必要経費に算入して事業所得の金額を計算することを図るとともに，保険料の名目で資金を積み立てることを企図して締結したものと認めるのが相当である。」

「以上のとおり，…本件各養老保険契約は，従業員の退職金の原資の確保又は福利厚生を目的として締結されたものということはできず，本件各養老保険契約に係る保険料の支払が，事業と直接の関連を持ち，事業の遂行上客観的一般的に通常必要であるということはできない。したがって，本件各養老保険契約に基づいて支払われた保険料の額は，事業所得の金額の計算上必要経費に算入することはできない。」とした（がん保険についても同旨）。

また，法人税基本通達の取扱いについて，所得税法上支出した費用が必要経費と認められるためには「特定の所得又は特定の業務との直接の関連を持ち，業務の遂行上客観的一般的に通常必要な費用であることが必要とされている。」とし，「法人においては，それが事業遂行又は所得獲得を目的として設立されるものであり，その活動はすべて事業遂行又は所得獲得のために行われる結果，その活動により生じた支出を損金として益金から控除することが認められるのに対して，個人においては，業務遂行又は所得獲得のための活動と同時に私的な消費活動をも営むため，…それが事業との直接の関連を持ち，事業の遂行上客観的一般的に通常必要な費用であることが必要とされるのである。したがって，個人の支出に関する取扱いは，家事関連費という概念がなく特定の所得又は特定の業務との直接の関連を必要としない法人の支出に関する取扱いとはおのずと異なるのであり，一般的に，法人税の取扱いを定めた通達や取扱いが所得税において準用されるものではな〔い〕」と判断している。

(4) 解　説

本件裁決は，個人所得税の事案には法人税基本通達の取扱いが及ばないとの判断を示している。この論点の詳細については，21―184頁を参照されたい。

25　会社が負担した生命保険料と一時所得の計算

●満期保険金に係る一時所得の金額の計算において，会社が負担した生命保険料を控除することは許されないとされた事例
〈第一審〉　福岡地裁平成22年3月15日判決・税資260号順号11396
〈控訴審〉　福岡高裁平成22年12月21日判決・税資260号順号11578
〈上告審〉　最高裁平成24年1月16日第一小法廷判決・集民239号555頁
〈差戻控訴審〉　福岡高裁平成25年5月30日判決・税資263号順号12224

(1)　事案の概要

　X（原告・被控訴人・上告人）の経営する医療法人が契約者となり保険料を支払った養老保険契約に基づいて満期保険金の支払を受けたXが，その金額を一時所得に係る総収入金額に算入した上で，当該法人の支払った保険料の全額を一時所得の金額の計算上控除される「その収入を得るために支出した金額」に当たるとして，所得税の確定申告をしたところ，上記保険料のうちXに対する役員報酬として損金経理がなされていた部分（2分の1相当）以外の金額は，「その収入を得るために支出した金額」に当たらないとして更正処分等を受けたため，その取消しを求めた事案である。

(2)　争　点

　個人の一時所得の金額の計算において，同人を役員とする法人が支払った保険料を控除することは許されるか否か。

(3)　判決の要旨

　第一審福岡地裁判決はXの主張を認めたが，控訴審福岡高裁判決はXの主張を排斥し，Yの勝訴とした。
　これを受け，上告審最高裁判決は，所得税法の採用する担税力課税の趣旨を論じた上で，同法34条（一時所得）2項も同様に，「一時所得に係る収入を得た個人の担税力に応じた課税を図る趣旨のものであり，同項が『その収入を得

ために支出した金額』を一時所得の金額の計算上控除するとしたのは，一時所得に係る収入のうちこのような支出額に相当する部分が上記個人の担税力を増加させるものではないことを考慮したものと解されるから，ここにいう『支出した金額』とは，一時所得に係る収入を得た個人が自ら負担して支出したものといえる金額に限られると解するのが上記の趣旨にかなう」とし，「本件支払保険料…のうち2分の1に相当する本件報酬経理部分については，…Xにおいて当該部分に相当する保険料を自ら負担して支出したものといえるのに対し，本件保険料経理部分については，このように解すべき事情があるとはいえず，当該部分についてまでXが保険料を自ら負担して支出したものとはいえない。当該部分は上記のとおり本件法人において損金経理がされていたものであり，これを一時所得の金額の計算上も控除し得るとすることは，二重に控除を認める結果を招くものであって，実質的に見ても不相当といわざるを得ない。」として，Xの主張を排斥した。

(4) 解　説

　このように，最高裁は，「担税力」に応じて課税を行うものという所得税法の趣旨から「その収入を得るために支出した金額」についての判断を下しており，文理解釈を重視した本件地裁判決に比べれば，目的論的解釈を展開したものとみることができる（酒井・レクチャー59頁参照）。

　ところで，差戻控訴審においては，過少申告加算税の賦課に係る「正当な理由」該当性が審理されたが，結果的に同加算税の賦課決定処分も妥当と判断されている。同差戻控訴審が，「所得税法施行令183条2項2号や所得税基本通達34-4がその規定振りのために，いささかわかりにくい面があり，本件養老保険契約における満期保険金の課税処理について解釈が分かれていたものである。そして，もとより，政令は法律よりも下位規範であるから，政令が法律の解釈を決定付けるものではなく，いわんや通達が法律の解釈を決定付けるものでもない。」としている点には注目すべきであろう。生命保険税務領域における通達の在り方を考えさせられる説示である。

26　一時払いの介護費用保険

●介護費用保険の保険料の取扱いに係る通達処理が，公正処理基準として妥当なものとされた事例
〈第一審〉高松地裁平成7年4月25日判決・訟月42巻2号370頁

(1) 事案の概要

　株式会社X（原告）は，一時払いの介護費用保険料を全額損金に算入した。これに対して税務署長Y（被告）は，保険期間の初期の期間に対応する保険料には，保険期間の後期の期間に対応する前払部分の保険料があるため，介護費用保険の保険料について，いわゆる定期保険と同様，単に支払の対象となる期間の経過により損金の額に算入すること（法基通9-3-5）は相当でないとして，保険料払込期間を加入時から75歳に達するまでの期間と仮定し，その期間の経過に応じて損金の額に算入するべきであるとして，損金算入の一部を否認した。具体的には，平成元年12月16日付け国税庁長官通達「法人又は個人事業者が支払う介護費用保険料の取扱いについて」に従うべきであるとして更正処分および過少申告加算税の賦課決定処分を行った。本件は，これらの処分を不服としてXが提訴した事案である。

　なお，介護費用保険は，「保険事故の多くが被保険者が高齢になってから発生するにもかかわらず各年の支払保険料が毎年平準化されているため，60歳頃までに中途解約又は失効した場合には，相当多額の解約返戻金が生ずる」ものであるとして，上記国税庁長官通達が発遣されている。

(2) 争　点

　本件一時払い介護保険料については，払込事業年度の損金に全額算入すべきか，あるいは上記通達に従って期間の経過に応じて損金の額に算入すべきか。

(3) 判決の要旨

　Xは，「解約返戻金は，預託された前払保険料の返還という意味ではなく，解約したときに実現する未実現収益として理解すべき」と主張したが，高松地裁は，「介護費用保険の保険料が一時払の方法で支払われた場合，法人税法上，これを全額当該事業年度の福利厚生費として損金に算入することの可否については，別段の定めがないので，一般に公正妥当と認められる会計処理の基準に従って算定される」とし，「したがって，保険契約から生ずる役務提供とその対価のずれを調整し，期間損益計算の適正を図るためには支払保険料のうち次期以降の期間の役務提供と対応すべき金額を前払費用に計上する必要がある。」とする。そして，「役務提供の程度が時の経過に対して均等ではない」一方で，「保険料の支払額が保険料支払期間を通じて年額又は月額で一定になるよう設計されている（平準化）」ことからすれば，「次期以降の事業年度の費用となる前払費用部分までも本件事業年度の発生費用としてその全額を損金算入することは妥当でなく，本件支払保険料を収益に対応する費用として適正に期間配分するのが相当である。」とし，その期間配分の方法については，「いくつかの解釈の可能性があるが，被保険者が75歳以後は契約を解約しても解約返戻金はないとされていることから，保険料払込期間を加入時から75歳までの期間と仮定して，その期間の経過に応じて，期間経過分の保険料について損金の額に算入するとのYの主張が妥当であり，これを採用すべきである」とした。

(4) 解　説

　本件は，収益と費用の対応関係の下，費用が適正に期間配分されなければならないことは当然であり，一時払いであっても，将来にわたって継続して役務の提供を受ける場合であれば，前払費用とすべきとされた事例である。その上で，Yの採用する通達の処理が公正処理基準として妥当である旨が示されている。なお，法人税法上の費用収益対応の原則の根拠については，**18**—151頁を参照されたい（本件では，重要性の原則にも触れられているが，かかる点についても同頁以下を参照）。

27 満期保険金の退職給与該当性

●満期保険金を「退職金」として現職代表者へ支払った場合の退職給与該当性が否定された事例
〈第一審〉 神戸地裁平成23年9月30日判決・税資261号順号11775
〈控訴審〉 大阪高裁平成24年3月23日判決・税資262号順号11918

(1) 事案の概要

本件は，X（原告・控訴人）が，Xの代表者である甲に対し退職金として支払った生命保険契約に基づく満期返戻金（以下「本件金員」という。）について，所轄税務署長から，本件金員は役員賞与に該当するため損金の額に算入することはできないとして，法人税の更正処分及び過少申告加算税の賦課決定処分等を受けたことから，これら処分の取消しを求めた事案である。

なお，甲は，昭和49年4月，Xの取締役に就任し，その後，同社代表取締役に就任しているが，本件金員受領後も，同職を退任することなく，担当業務についても特段の変動はない。また，甲への本件金員の支払は，Xの会計処理上，「退職金」の支払として処理されている。

(2) 争 点

「退職金」として現職代表者へ支払った本件金員の退職給与該当性如何。

(3) 判決の要旨

神戸地裁は，所得税法30条（退職所得）1項にいう退職所得に該当するためには，①退職という事実に基づき，②労務の後払い的性質を有し，③一時金として支払われることの要件を備えることが必要であるとし，また，「同項にいう『これらの性質を有する給与』に当たるというためには，それが，形式的には上記各要件のすべてを備えていなくても，実質的にみてこれらの要件の要求するところに適合し，課税上，上記『退職により一時に受ける給与』と同一に取

り扱うことを相当とするものであることを必要とすると解すべきである（最高裁判所昭和58年9月9日第二小法廷判決・民集37巻7号962頁）。」とする。そして，上記要件を形式的には満たさなくとも，実質的にみてそれらと同一に取り扱うべき場合として，例えば「当該勤務関係の性質，内容，労働条件等において重大な変動があって，形式的には継続している勤務関係が実質的には単なる従前の勤務関係の延長とはみられないなどの特別の事実関係があることを要するものと解すべきである（最高裁判所昭和58年12月6日第三小法廷判決・集民140号589頁…）。」とする。「甲は，本件金員の支払を受けた後もXの代表取締役として勤務を続けており，その職務内容等が変更されたと認められる事情もない」ことから前記要件①を欠くものであり，結局のところ，本件金員は，甲の取締役としての職務に対する功労金であって，「実質的にみて，『これらの性質を有する給与』に当たるといえるだけの『特別の事実関係』は認められない。」とした。

　続けて，「法人税法における『退職給与』とは，支出名義のいかんを問わず，退職に伴い支給される臨時的な給与をいい，退職に起因する給与という実質を持つものに限られると解される。そして，このような実質を持たない，役員に対する一時的な給与は，『賞与』（法人税法35条4項）に該当するから，法人の所得の計算上損金の額には算入できない」とし，Xの主張を排斥した（控訴審大阪高裁も維持）。

(4) 解　説

　本件は，所得税法30条該当性および法人税法36条《過大な使用人給与の損金不算入》該当性が争点となった事例であるが，いずれもXの主張が排斥されている。法人税法上の退職給与該当性の議論の前提として，所得税法上の退職所得該当性が論じられており，いわゆる5年退職金事件および10年退職金事件を引用している点に注目すべきであろう（両事件については，酒井・裁判例〔所得税法〕216頁参照）。

28 満期保険金に係る借入金利息

●生命保険会社が立替払いした保険料に係る利息の額は，満期保険金に係る一時所得の金額の計算上「その収入を得るために支出した金額」として控除することができるとされた事例
国税不服審判所平成8年7月5日裁決・裁決事例集未登載

(1) 事案の概要

X（審査請求人）は，A相互会社と締結していた生命保険契約が満期となったことに伴い，その満期保険金等の金額2,822万2,134円から，Aが自動貸付制度に基づいて立替払いしていた保険料相当額502万2,000円と，かかる立替額に係る利息の額1,315万5,163円を控除した残額1,004万4,971円を同社から受領した。なお，本件生命保険契約に係る保険料の総額は591万円であり，X自らが支払った保険料は88万8,000円である（残額は上記立替による支払）。

Xは，所得税の確定申告において，Aから受領した上記金額1,004万4,971円から，保険料の総額591万円と一時所得の特別控除額50万円を控除した残額の2分の1に相当する金額を一時所得の金額として申告した。

これに対し，Y（原処分庁）は，一時所得の金額の計算上，上記立替額を，保険料の総額とは別に満期保険金等の金額から控除することはできないとし，また，立替利息の額についても，所得税法34条《一時所得》2項の「その収入を得るために支出した金額」に該当しないとして更正処分を行った。

これを受け，Xは，立替利息の額は，満期保険金等を受け取るために生じたものであり，「収入を得るために支出した金額」に該当するのであるから，一時所得の金額の計算上，満期保険金等の金額から控除すべきであると主張し，Yの処分の取消しを求めた。なお，Xは，上記立替額を総収入金額から控除できないとされた点については争っていない。

(2) 争　点

　生命保険会社が立替払いした保険料に係る利息の額を，満期保険金に係る一時所得の金額の計算上控除することができるか否か。

(3) 裁決の要旨

　「所得税法第34条第2項にいう『収入を得るために支出した金額…』には，収入を得るために直接支出した金額のほか，それに直接関連して支出したと認められる金額も含まれるものと解される…ことからすると，当該立替払による本件保険料に直接充てられた本件立替額に対する利息である本件利息についても，『収入を得るために支出した金額』に該当するものと解するのが相当であり，これを否定する理由はない」とした。そして，「所得税法第34条第2項のかっこ書において，『その収入を生じた行為をするため，又はその収入を生じた原因の発生に伴い直接要した金額に限る』と規定しているのは，…その収入を生じた行為をするため，又はその収入を生じた原因の発生に伴い直接要した金額のみが支出した金額に該当し，それ以外のものはこれに該当しない旨を定めたものであって，本件利息のような収入金額との対応を有すると認められるものまで，支出した金額に該当しない旨を定めたものと解するのは相当でない」と示し，Xの主張を認めた。

(4) 解　説

　本件事案の争点は，所得税法34条2項にいう「収入を得るために支出した金額」をどのように解釈するかである。さらにいえば，ここにいう「収入を得るために支出した金額」のかっこ書きにおける，「その収入を生じた行為をするため，又はその収入を生じた原因の発生に伴い直接要した金額に限る」との限定規定をいかに解釈するかという点に帰着する。

　保険契約の場合，「その収入」とは満期保険金等を指すものと解されるが，本件裁決は，保険料の支払行為を「その収入を生じた原因」と捉えているものと思われる。保険料収入の原因とは何かを考えたとき，保険契約の締結，保険料の支払，期間の経過（満期の到来），保険事故の発生，保険会社による契約の履行などが考えられるが，何を収入に対する原因と捉えるかは議論のあるところであろう。

29 保険代理報酬の帰属

●保険代理報酬の収益の帰属が争点となった事例
〈第一審〉 神戸地裁平成13年2月7日判決・税資250号順号8833
〈控訴審〉 大阪高裁平成13年10月5日判決・税資251号順号8998

(1) 事案の概要

X（原告・控訴人）は，A保険会社との間で，生命保険募集に関する業務委託に係る代理店契約を締結していたが，Xはかかる業務に従事したことはなく，代理店報酬も，X名義の預金口座に振り込まれていたが，同口座は事実上B保険代行が管理しており，報酬振込みの直後にB名義の預金口座に移管されていた。なお，当時，Bは旧保険募集取締法の規制によって，Aと代理店契約を締結することができなかった。

こうした中，XはAからの代理店報酬は，Bに帰属すべきものである旨を明記した所得税の確定申告を行ってきた（事業所得＝0）。他方で，Bは，各事業年度の法人税について，本件代理店報酬に関してAにおいて徴収された源泉徴収税額を含めた全額を益金の額に算入した上，当該報酬に係る源泉徴収税額相当額を法人税から税額控除して確定申告をしていたが，所轄税務署長から，かかる源泉徴収税額は税額控除の対象とならない旨の指摘を受けたので修正申告書を提出した。

その後，Xは，本件代理店報酬を収入金額に計上するとともに，源泉徴収税額相当額を差し引いた金額を支払手数料とし，その結果，源泉徴収税額相当額を事業所得の金額として，本件代理店報酬に係る源泉徴収税額について還付を求める旨の所得税の確定申告を行ったところ，これに対して税務署長Y（被告・被控訴人）が更正処分等を行ったため，Xがその取消しを求めたものである。

(2) 争点

本件代理店報酬の帰属如何。

(3) 判決の要旨

神戸地裁は,「所得税法12条は,『資産又は事業から生ずる収益の法律上帰属するとみられる者が単なる名義人であって,その収益を享受せず,その者以外の者がその収益を享受する場合には,その収益は,これを享受する者に帰属するものとして,この法律の規定を適用する。』と規定し…いわゆる『実質所得者課税の原則』を明らかにしたものである。したがって,収益の帰属主体が誰であるかは,契約者名義等が誰であるかにかかわらず,その収益について支配力を及ぼす者が誰であるか,収益が誰の収入に帰属したかにより決せられるべきであると解するのが相当である。」とし,事実認定の結果,「Aから支払われた本件代理店報酬は,Bに帰属したものであり,Xには帰属していないと認めるのが相当である。」として,Xの請求を棄却した。

なお,控訴審大阪高裁もおおむね原審判断を維持している。

(4) 解 説

所得税法12条《実質所得者課税の原則》は,資産または事業から生ずる収益について名義上または形式上の収益の帰属者と実質的な収益の帰属者とが異なる場合には,後者に対して所得税を課する旨を規定する。この点,事業から得られる所得の帰属については,実質的にその事業を経営している経営主体が誰であるかに着目して判断すべきと解されるところ,本件一連の判決では,「収益について支配力を及ぼす者が誰であるか,収益が誰の収入に帰属したかにより決せられるべきである」としている。本件では,Xは,生命保険募集に関する業務に直接従事したことはなく,代理店であれば通常作成すべき帳簿書類も一切作成しておらず,報酬が振り込まれるX名義の普通預金口座も事実上Bが管理し,各種関係書類等も,X宛てではなく,B宛てにすべて送付され,Bが保管・管理していた点などから,本件報酬に係る収益について支配力を及ぼす者,すなわち経営の主体はXではなくBであると判断されたと解される(実質所得者課税の原則については,酒井・ステップアップ11頁,同・裁判例〔所得税法〕35頁以下参照)。

あとがき

　人がこの世に生きている限り，生命保険の存在意義は絶えることがないであろう。そして，人の営みとともに，生命保険も進化をし続けるであろうし，それに呼応するように生命保険税務についての論点も絶えることなく，また，複雑多岐にわたっていくものと思われる。

　人はリスクを負いながら生きており，そのリスクヘッジを試みている。生命保険がリスクヘッジを意味するものであるのと同様，多くの人にとって生命保険税務はいわば租税負担のリスクヘッジとして意味のあるものといえよう。

　私たち保険税務検討委員会のメンバーは，そのような租税負担のリスクヘッジとして期待される生命保険税務にまつわる様々な論点を抽出し，その中から特に実務に影響を及ぼすと思われる問題点についての検討を重ね，本書にその成果をできるだけ多く収録するよう努めた。検討過程では，巷間，当たり前のように信じられている保険税務が実は法的根拠の脆弱なところに立脚しているのではないかという多くの疑義に直面した。同委員会では，それらの問題点について，単に通達があるからそれに従うべきというような短絡的な結論に頼ることを避け，法的視角から慎重な検証を行い，たとえ一般の書籍で適法であると取り上げられていたとしても必ずしも明確な法的根拠があるとはいえない事例などについては，その疑問点を明らかにすることとした。

　これらの作業により生命保険税務のすべての論点が網羅できたとは到底思えないものの，ここに掲載した事例はそのような視角から検討が加えられたものである。今後もさらなる問題点の発掘とその解決の努力は続けられていくべきであると考えており，かような意味では，本書は依然としてその緒についたばかりのものというべきであると思われる。

　さらに，機会を得て謙虚なる取組みを続けていきたいと考えている。

平成28年12月

酒井　克彦

事項索引

あ 行

相手方の認識……………………………… 176
青色決算法人……………………………… 160
青色事業専従者…………………………… 37
慰安………………………………………… 175
遺産分割協議……………………………… 120
1号根拠説………………………… 152, 163
1号2号根拠説…………………… 152, 163
一時所得……… 25, 50, 55, 57, 58, 80, 116, 127, 131
一般概念…………………………………… 174
一般の生命保険料控除…………………… 56
医療保険…………………………………… 9
医療保険金………………………………… 51

か 行

会計慣行…………………………… 142, 154
介護医療保険料控除……………………… 56
解除…………………………… 7, 20, 98, 107
解約………………………………………… 23, 98
解約返戻金……………… 22, 23, 32, 53, 92, 98, 113
解約返戻金のない定期保険……………… 38
掛捨て保険………………………………… 36
家事関連費………………………… 124, 191
家事上の経費……………………… 37, 124, 191
課税の繰延べ……………………… 172, 180
株価………………………………………… 102
株主総会…………………………………… 120
慣行………………………………… 143, 149, 190
慣行該当性アプローチ…………… 143, 148
慣習………………………………………… 149
慣習法……………………………………… 142
がん保険…………………………………… 9, 45
期間損益計算……………………………… 160
期間対応の原則…………………………… 165
期間費用…………………………… 62, 162
企業会計準拠主義………………… 166, 188, 190
既契約……………………………………… 31

危険負担…………………………………… 105
危険負担保険料…………………………… 185
危険保険料………………………………… 92
基準内容アプローチ……………… 143, 148
寄附金……………………………………… 88
逆基準性…………………………………… 190
逆ハーフタックスプラン……… 43, 70, 80, 82
給付金受取人……………………………… 17
教育資金贈与……………………………… 133
行政先例法……………………… 11, 40, 142, 149
グループ法人税制………………………… 89
経営者……………………………………… 26
経済的利益……………… 63, 65, 81, 89, 91, 123
契約………………………………………… 13, 68
契約応当日………………………… 18, 110
契約形態…………………………………… 31
契約者貸付………………………… 20, 32, 53
契約者変更………………………… 10, 88, 90, 131
契約年齢…………………………………… 24
契約日……………………………………… 16, 31
減額………………………………………… 22, 92
原価配分の原則…………………………… 162
原状回復義務……………………………… 73
権利確定主義……………… 51, 74, 114, 162, 171
行為の態様………………………………… 176
交際費等課税制度………………………… 175
更新………………………………………… 21
公正処理基準……… 140, 142, 148, 153, 160, 180
公正処理基準根拠説……………… 152, 163, 170
公正性……………………………………… 143
高度障害保険金…………………………… 49, 84
合法性の原則……………………………… 155
告知……………………………………… 15, 69, 73
告知義務…………………………………… 7, 20
告知・診査………………………………… 16
告知義務違反……………………………… 115
個人年金保険料控除……………………… 56
個人番号…………………………………… 54
個人保険…………………………………… 10, 11
個別対応の原則…………………………… 165

固有概念……174
コンバージョン……21

さ 行

災害割増特約……10
財産権……1
債務確定基準……69, 104, 129, 148
裁量権……141
詐欺……117
差別的加入……40
三層構造……154
時価……88, 90
始期指定……16
事業承継……6
事業保険……10, 11
自己同意……1
資産計上……48, 53
支出の相手先……176
支出の目的……176
事前確定届出給与……82
実現主義……162
失効……19, 53, 98, 100, 105
指定代理請求特約……10
支払事由……17
支払調書……54
死亡退職金……27, 58
死亡保険……8
死亡保険金……48, 113
社会通念……79
社会通念上相当とされる金額……52, 75
借用概念……174
射倖契約性……7
謝絶……72
終身保険……8, 38
周知……175, 181
収入実現の蓋然性……116, 171
収入保障保険……9
重要性の原則……151, 153, 154, 160
主契約……8, 13
受贈益……88
純資産価額……102
少額省略……155
承諾……17, 72
譲渡所得……135

条理説……152, 163
所得課税法……44, 167, 188
所得税……57, 58
信義則……140
身体の傷害に基因して支払を受けるもの
……49, 51, 84
正規の簿記の原則……156, 160
生死混合保険……81, 86
生前退職……58
生存退職金……27
生存保険……8
生命保険……6, 36
生命保険契約……106
生命保険料控除……2, 56
成立……17
責任開始……106
責任開始日……15, 68
責任準備金……24, 94, 96
善意契約性……7
相殺……54
相続税……25, 57
相続税の非課税枠……49, 59
双務契約性……6
贈与……85, 131
贈与税……57, 58, 130
租税回避……147
租税負担の軽減……65
租税法律主義……1, 138, 142, 153, 155, 184
損害賠償請求権……117
損失……166, 170

た 行

代替わり……130
退職給与引当金……125
退職金……55, 74, 76, 102, 120, 125, 172
退職所得……77
諾成契約……68, 72, 106
諾成契約性……6
妥当性……143
短期前払費用……69, 10, 0109, 151, 153
中小企業……26
弔慰金……74
長期傷害保険……9
長期平準定期保険……39

貯蓄性······························ 37, 50, 133, 187
通達······················ 1, 91, 138, 150, 151, 184, 190
通達の内部拘束力························· 138
通知···································· 115
積立保険料······························ 185
低解約返戻金型定期保険····················· 9
定期同額給与······················ 37, 63, 82
定期保険······················· 8, 36, 62
逓増定期保険··························· 9, 40
適正公平な課税の実現··················· 143
当期分保険料··························· 46
同業種類似法人························· 65
同族会社等の行為計算の否認··········· 147
同族会社等の行為計算否認規定··········· 91
到達主義······························ 115
盗難····················· 118, 162, 167, 170
特定疾病保障保険······················· 9
特定人加入··························· 40
特定の者······························ 37, 71
特約···································· 8, 13
取崩損金算入額························· 46
取引···································· 157

な 行

入院給付金等··························· 51
年金支払移行特約······················· 10
年金支払特約··························· 10
年金特約······························ 86

は 行

ハーフタックスプラン················ 43, 184
配当金································ 24
発生主義······························ 162
発生費用······························ 162
払込期月······························ 18
払込方法······························ 18
払済···································· 22
非常勤役員··························· 65
必要経費··················· 122, 129, 164, 191
被保険者······························ 15
非要式契約··························· 72
費用収益対応の原則······· 152, 160, 162, 164, 169
平等原則······························ 140

ファイナイト事件······················· 186
複式簿記の原則························· 157
福利厚生······················ 28, 63, 97, 147, 172
福利厚生費··························· 78, 173
福利厚生プラン··················· 43, 121, 130
付合契約性······························ 7
復活······················ 19, 98, 100, 107
復旧···································· 22
物納···································· 25
普遍的加入························· 30, 40, 43
不要式契約性··························· 7
分掌変更······························ 76
別段の定め················ 104, 129, 186
変額保険······························ 9
変更······················ 21, 32, 117
法源···································· 1
法源性································ 138
法人番号······························ 54
法定相続人······················ 49, 58, 75
法律による行政の原理··················· 142
保険会社······························ 32
保険期間······························ 15
保険期間の延長························· 94
保険期間の短縮························· 96
保険金······························ 7, 17
保険金受取人················ 17, 48, 115
保険契約······················ 7, 106, 149
保険契約者························· 15, 106
保険事故··················· 7, 49, 98, 114
保険者······························ 15, 106
保険種類······························ 31
保険証券······························ 17
保険積立金················ 50, 92, 130
保険年度······························ 19
保険年齢······························ 24
保険法································· 7
保険料······························ 15, 106
保険料充当金················ 15, 16, 69

ま 行

マイナンバー··························· 54
前払期間······························ 45
満期返戻金··························· 185
満期保険金··························· 50

未消費原価……………………………… 162
みなし相続財産……………………3, 57, 58, 75
みなし贈与…………………………… 132, 134
みなし贈与財産………………………………58
未払金……………………………………… 104
見舞金………………………………… 52, 78
無解約返戻金型定期保険……………………9
名義変更……………………………………55
免責…………………………………………7
申込み………………………………………15
申込日………………………………………16

や 行

役員退職慰労金………………………………55
役員報酬……………………………………63

約款……………………………7, 13, 68, 84, 98, 106
有償契約性……………………………………6
猶予期間……………………………………18
養老保険……………………8, 28, 42, 121, 172, 186

ら 行

利害関係者………………………………… 156
リスク・コントロール（リスクの平準化）……26
リビング・ニーズ特約………………………10
類似業種比準価額………………………… 102

わ 行

割増保険料……………………………… 68, 73

判例・裁決索引

■昭和50～59年
55. 4. 21　東京地裁　行裁例集31・5・1087 …183
57. 8. 31　東京地裁　行裁例集33・8・1771 …174
58. 9. 9　最高裁　民集37・7・962 …………207
58. 12. 6　最高裁　集民140・589 ……………207

■平成1～10年
4. 11. 25　神戸地裁　判タ815・184 ……173, 175
5. 11. 25　最高裁　民集47・9・5278 ……114, 169
7. 4. 25　高松地裁　訟月42・2・370 ……158, 204
8. 7. 4　審判所　未登載 …………172, 178, 187
8. 7. 5　審判所　未登載 ………………………208

■平成11～20年
11. 12. 21　福岡地裁　税資245・991 …………143
13. 2. 7　神戸地裁　税資250・8833 …………210
13. 10. 5　大阪高裁　税資251・8998 …………210
13. 11. 9　福岡高裁　裁判所HP ………………140
14. 6. 10　審判所　未登載 ……………………144
14. 6. 13　審判所　裁決事例集63・309 ……52, 79
15. 2. 6　審判所　裁決事例集65・366 …118, 170
15. 9. 9　東京高裁　判時1834・28 ……………176
16. 4. 20　大阪地裁　税資254・9633 …………167
17. 4. 26　審判所　未登載 ……………………126

18. 1. 24　最高裁　集民219・285 ……………157
18. 2. 10　大阪地裁　税資256・10309 …………77
18. 10. 25　大阪高裁　税資256・10553 …………77
18. 11. 7　長崎地裁　民集64・5・1304 ………198
19. 10. 25　福岡高裁　民集64・5・1316 ………198
20. 11. 27　東京地裁　判時2037・22 …………194

■平成21年～
21. 2. 18　東京高裁　税資259・11144 ………117
22. 1. 19　審判所　未登載 ……………………136
22. 3. 15　福岡地裁　税資260・11396 ………202
22. 5. 27　東京地裁　判時2037・22 …………186
22. 5. 27　東京高裁　判時2115・35 …………194
22. 7. 6　最高裁　民集64・5・1277 …………198
22. 12. 21　福岡高裁　税資260・11578 ………202
23. 3. 23　審判所　未登載 ……………124, 200
23. 9. 30　神戸地裁　税資261・11775 ………206
24. 1. 13　最高裁　民集66・1・1 ………………80
24. 1. 16　最高裁　集民239・555 ……………202
24. 3. 23　大阪地裁　税資262・11918 ………206
24. 9. 19　東京高裁　判時2170・20 …………127
25. 5. 30　福岡高裁　税資263・12224 ………202
27. 2. 26　東京地裁　未登載 …………………150

《著者紹介》

【編著・監修者】

酒井　克彦（さかい　かつひこ）

　中央大学商学部教授（中央大学ロースクール兼担），法学博士（中央大学）。
　(社) アコード租税総合研究所所長，(社) ファルクラム代表理事。
　序，第4章，第5章執筆。
　〔主な著書等〕
　『レクチャー租税法解釈入門』（弘文堂2015），『アクセス税務通達の読み方』（第一法規2016），『プログレッシブ税務会計論Ⅰ』，『同Ⅱ』（中央経済社2016），『裁判例からみる所得税法』（大蔵財務協会2016），『新しい加算税の実務』〔共著〕（ぎょうせい2016），『クローズアップ租税行政法〔第2版〕』（2016），『スタートアップ租税法〔第3版〕』（2015）（以上，財経詳報社），『「正当な理由」をめぐる認定判断と税務解釈』（清文社2015），ほか多数。

【著者】（50音順）

臼倉　真純（うすくら　ますみ）

　(社) アコード租税総合研究所主任研究員，(社) ファルクラム上席主任研究員。
　第2章執筆。
　〔主な著書等〕
　『新しい加算税の実務』〔共著〕（ぎょうせい2016），「会計上の『単一性の原則』と法人税法22条4項」税務事例48巻8号〔共著〕ほか。

菅原　英雄（すがはら　ひでお）

　国士舘大学大学院客員教授。菅原経理事務所代表・税理士。
　(社) アコード租税総合研究所研究顧問。
　第3章Q1，2，9，10，11，16，17，18，22執筆。
　〔主な著書等〕
　『イチからはじめる法人税実務の基礎〔第3版〕』（税務経理協会2016），『解説とQ&Aによる合併・分割等税務』〔共著〕（大蔵財務協会2013）ほか多数。

芹澤　光春（せりざわ　みつはる）

　芹澤光春税理士事務所所長・税理士。（社）アコード租税総合研究所会員，（社）ファルクラム租税法研究会研究員。
　第3章Q3, 4, 5, 6, 14, 19, 20, 23執筆。
〔主な著書等〕
　『平成28年度改正消費税法の徹底解説』（第一法規2016），「消費税における不適切な還付事例の検討と法的対応策に関する一考察」（第34回日税研究賞税理士の部入選），「含み益を有する相続財産の譲渡に係る所得税と相続税の調整について」（第10回税に関する論文納税協会特別賞）ほか。

松岡　章夫（まつおか　あきお）

　東京国際大学大学院（商学研究科）客員教授。税理士法人松岡事務所代表・税理士。（社）アコード租税総合研究所研究顧問。
　第3章Q7, 8, 12, 13, 15, 21, 24, 25執筆。
〔主な著書等〕
　『最新版　図解　事業承継税制』〔共著〕（2016），『Q&A180問　相続税小規模宅地等の特例〔平成27年度版〕』〔共著〕（2015），『不動産オーナーのための会社活用と税務〔3訂版〕』〔共著〕（2015）（以上，大蔵財務協会）ほか多数。

村井　志郎（むらい　しろう）

　エヌエヌ生命保険株式会社（旧アイエヌジー生命）営業拠点，営業教育部，事業開発部，営業企画部，営業業務支援部等を経て，現在は営業教育支援部所属（調査研究担当）。
　第1章執筆。

クローズアップ保険税務―生命保険編―

平成29年1月20日　初版発行

編著・監修　酒　井　克　彦
発　行　者　宮　本　弘　明

発行所　株式会社　財経詳報社

〒103-0013　東京都中央区日本橋人形町1-7-10
電　話　03（3661）5266（代）
ＦＡＸ　03（3661）5268
http://www.zaik.jp
振替口座　00170-8-26500

落丁・乱丁はお取り替えいたします。　　　印刷・製本　創栄図書印刷
©2017　Katsuhiko Sakai　　　　　　　　　　　　　Printed in Japan
ISBN　978-4-88177-434-2